Beziehungsleben

Beziehungsleben

Wie du die Lösung für eine erfüllende Partnerschaft findest. Ein Beziehungsratgeber für Paare und Singles.

Wieland Stolzenburg

Bibliografische Information der Deutschen Nationalbibliothek: Die Deutsche Nationalbibliothek verzeichnet diese Publikation in der Deutschen Nationalbibliografie; detaillierte bibliografische Daten sind im Internet über http://dnb.dnb.de abrufbar.

Lektorat: Andrea Durst, www.words-for-you.de
Umsetzung Coverdesign: Robert Chyna
Labyrinth Cover: Guardiano
Illustrationen: Nihal Organ

Herstellung und Verlag: BoD – Books on Demand, Norderstedt

ISBN: 978-3-7460-2424-0

Inhaltsverzeichnis

Hinweise

Die in diesem Buch enthaltenen Informationen, Aufgaben und Übungen ersetzen nicht die Untersuchung und Beratung beim Arzt oder Therapeuten. Ebenso sind sie keine therapeutischen Anweisungen; sie dienen lediglich der Vermittlung von Wissen und geben praktische Hilfestellungen. Die Umsetzung der Aufgaben sollte gegebenenfalls mit einem qualifizierten Therapeuten besprochen werden.

Aus Gründen der besseren Lesbarkeit wird auf die gleichzeitige Verwendung männlicher und weiblicher Sprachformen verzichtet. Sämtliche Personenbezeichnungen gelten für beide Geschlechter.

Über mich

Mein Name ist Wieland Stolzenburg, und da ich immer wieder gefragt werde: Wieland ist mein Vorname. Ich bin Beziehungspsychologe und begleite Menschen dabei, erfüllende Beziehungen zu führen – mit sich selbst, ihren Partnern und allen anderen Menschen in ihrem Leben. Ob als Berater und Therapeut, als Autor und Redner oder als Interviewpartner für verschiedene Medien.

Schwerpunkte meiner Arbeit sind alle Themen und Fragestellungen rund um Partnerschaft, Beziehung und Selbstverantwortung.

Ich habe Psychologie und Betriebswirtschaftslehre studiert und verschiedene therapeutische Ausbildungen absolviert.

Mein erstes Buch »*Männer verstehen für Dummies*« erschien Ende 2015 im Verlag Wiley-VCH.

Weitere Informationen über mich und meine Tätigkeit findest du auf meiner Website:
www.wielandstolzenburg.de

Bist du bereit?

In Partnerschaften gibt es ein besonders spannendes Phänomen, das sich bei jedem Paar beobachten lässt. In meiner Praxis für Beziehungsberatung und Paartherapie lernte ich beispielsweise Ulrike und Herrmann kennen. Ulrike konnte sich stundenlang über ihren Partner beschweren, fand unzählige Aspekte, die sie an ihm nicht mochte und die er verändern sollte. In ihren Augen hatte sie es nicht leicht mit ihm. Das Gleiche dachte sich auch Herrmann: Wenn Ulrike doch endlich mal dies oder das machen würde ... Er hatte ebenso viele Argumente und Beispiele, warum sie sich verändern sollte. Vielleicht kennst du diese Beschwerden, Anklagen und Vorwürfe auch aus eigenen Beziehungen oder von anderen Menschen?

Wir legen häufig die Verantwortung für unsere Gefühle und unser Wohlbefinden in die Hände eines anderen Menschen, in der Hoffnung oder sogar mit der Forderung, dass dieser dafür sorgen soll, dass es uns gut geht. Doch meist erkennen wir nicht, was unser gegenwärtiger Gemütszustand mit uns und unserer Lebensgeschichte zu tun hat und halten unseren Partner oder andere Menschen für den Verursacher. Doch darin liegt selten die Lösung, und daher drehen wir uns letztendlich im Kreis – obwohl wir eigentlich wissen, dass wir das Glück nur in uns selbst finden können. Warum fällt das insbesondere in Partnerschaften so schwer? Lohnt es sich nicht, diesem Phänomen auf den Grund zu gehen?

Liebesbeziehungen stehen in diesem Buch im Mittelpunkt. Doch nicht nur diese meine ich mit dem Begriff »Beziehungen«: Jeder Kontakt zu anderen Menschen bedeutet, in Beziehung zu stehen – ob mit Freunden, Kollegen, dem Sitznachbarn in der Bahn, den eigenen oder anderen Kindern. Eine Beziehung kann sich durch verschiedene Dinge ergeben: Augenkontakt, Mimik, Gesten, Worte, Handlungen oder Berührungen. Doch auch Schweigen, abwertende oder genervte Blicke und Ignoranz sind Formen von Beziehungen. Das Leben besteht zu einem großen Teil aus Beziehungen und die Basis aller ist die Beziehung zu uns selbst.

Dieses Buch habe ich für Menschen geschrieben, die bereit sind, selbst die Veränderung in ihrem Leben herbeizuführen. Die die Ursachen für Schwierigkeiten, Krisen oder unangenehme Gefühle nicht bei ihrem Partner suchen, sondern die Lösung in sich selbst finden möchten. Die Erkenntnisse in diesem Buch sind für alle Menschen gedacht, die nicht auf Veränderung bei anderen warten, sondern selbst aktiv werden wollen, um erfüllende Beziehungen zu führen.

Dies ist ein Buch zum Aufwachen: Es kann frustrieren. Es kann wehtun. Es wird dich herausfordern. Es wird dich spiegeln. Wenn du darauf eingehen möchtest. Für manche Menschen ist Eigenverantwortung etwas Bedrohliches und sie werden die Aussagen in diesem Buch teilweise ablehnen. Verantwortungsabgabe und »Opferrolle« kann eine angenehme Haltung sein, weil ja dann die anderen verantwortlich oder schuld sind und man selbst nichts zur Veränderung und Verbesserung beizutragen braucht. Blöd daran ist nur, dass sich mit dieser Haltung wenig verändern wird, weil man sich abhängig von außen macht, also von anderen Menschen oder äußeren Umständen.

Wer mehr und mehr selbstverantwortlich lebt, wird belohnt: Mit mehr Lebensfreude und Energie, mit mehr inneren Freiheiten, innerem Frieden und einer größeren Gelassenheit. Und das ist jederzeit möglich! Dabei hilft es ungemein, sich und die Gründe des eigenen Verhaltens zu verstehen. Auf diesem Weg möchte ich dich mit diesem Buch begleiten – Beziehungsdynamiken verstehen, Ursachen für die eigenen Verhaltensweisen erkennen und Lösungswege aufzeigen. Immer mit dem Leitgedanken: Die Lösung liegt in dir. Daher blicken wir vor allem auf uns selbst und erst als zweites auf den Partner, die Gesellschaft, die Freunde oder den Chef.

Bei meiner Arbeit ist mir deutlich geworden, dass es zwei Wege gibt, sich zu entwickeln und persönlich zu wachsen: entweder durch Schmerz oder durch Akzeptanz und Einsicht. Die meisten Menschen entwickeln sich durch schmerzhafte Ereignisse: Trennungen, Kündigungen, materielle Verluste oder Krankheiten. Folglich immer dann, wenn plötzlich etwas weg ist, was man gerne noch behalten wollte – den Partner, den Job, das Haus oder die Gesundheit. Diese Krisen zwingen einen dann, sich mit der eigenen Entwicklungsaufgabe auseinanderzusetzen. Das ist der unfreiwillige, meist schmerzhaftere und doch verbreitete Weg. Wenn wir die kleinen Hinweise für diese Entwicklungsaufgaben nicht wahrgenommen haben, werden sie größer, bis wir ihnen nicht mehr ausweichen können. Manche Menschen gehen darüber hinaus den zweiten Weg; sie wollen sich entwickeln und lernen: Lernen aus Einsicht und Bewusstwerdung, durch das Annehmen von neuen Sichtweisen, Selbstreflexion, »harte« Arbeit und Übung. Sie stellen sich den Aufgaben in Partnerschaften und im Leben und achten auf die kleinen Hinweise. Das Gute daran ist, dass jeder für sich selbst entscheiden darf, wie er sich entwickeln möchte: durch Schmerz oder durch Einsicht.

In diesem Buch findest du drei zusammenhängende Aufgaben, die dich dabei unterstützen sollen, deine Beziehungsmuster zu erkennen und diese zu verwandeln oder anzunehmen. Ergänzt durch zwei Exkurse, Hintergrundwissen »*Schon gewusst?*«, Reflexionsfragen »*Zum Nachdenken und Reflektieren*« und Veränderungsimpulse »*Wie Veränderung in deinem Leben möglich sein kann*«.

Hast du Lust auf die Gedanken in diesem Buch und darauf, die Lösung in dir zu finden? Dann freue ich mich darauf, dich auf diesem Weg begleiten zu dürfen! Ich wünsche dir ein offenes Herz, Mut und Ehrlichkeit – und Vertrauen in dich und die Welt.

Dein Wieland Stolzenburg

1) Schuld sind immer Mama und Papa ...

Natalie hat unglaublich Angst. Lange packt sie das nicht mehr. Sie schaut schon mindestens zum siebenunddrei-ßigsten Mal auf die Uhr. Doch sie hat das Gefühl, als ob die Zeiger stillstehen. Es ist elf Minuten vor Mitternacht. Sie kann sich nicht erinnern, wann sie in letzter Zeit so angespannt war. An den Fingernägeln gibt es kaum noch etwas zum Abkauen und ihre beste Freundin reagiert nach dem dritten Anruf leicht genervt. Zum Glück hat sie ihren Kater Milo. Immerhin. Doch der nutzt jede Gelegenheit, sich auf und davonzumachen, denn er kann es nicht ausstehen, wenn Natalie ihn festhält und nicht mehr von ihrem Schoss runterlässt. Er hatte ihr doch hoch und heilig versprochen, um 23:30 Uhr wieder zu Hause zu sein. Und jetzt ist es bald Mitternacht. »Er« ist nicht Milo, sondern ihr Freund Sebastian.

Kurz nach Mitternacht hört sie den Schlüssel in der Tür und kurz darauf ertönt Sebastians vertraute Stimme aus dem Flur. »Ich bin wieder da, Schatz«, ruft er. »Na end-lich«, zischt sie zurück. Während Sebastian sich im gro-ßen Sessel niederlässt, steigt eine unglaubliche Wut in ihr auf. Wut auf den Blödmann, der sie derart lange in der Unsicherheit gelassen hat, der für ihre Ängste verant-wortlich ist, der sich nicht an sein Versprechen gehalten hat. Der vielleicht mit einer anderen Frau ... Weiter will sie gar nicht denken. Allein dieser Gedanke schnürt ihr das Herz zu. Zu einem kalten, harten und einsamen Klumpen. Sie kann nicht anders, als Sebastian mit Vor-würfen zu überhäufen. Denn wenn sie das nicht tun würde, müsste sie die tiefe Trauer spüren. Das hält sie aber nicht aus, dafür ist gerade kein Platz! Gerade oder besser gesagt: schon seit sehr vielen Jahren ...

Diese Erfahrung hat Natalie tatsächlich gemacht. Im wahren Leben heißt sie anders und vieles habe ich inhaltlich verändert, anonymisiert oder durch andere Aspekte ergänzt. Auch die weiteren Geschichten in diesem Buch sind inspiriert von Menschen, die ich in meiner Arbeit begleiten durfte. Die Lebensgeschichte von Natalie wird uns in diesem Buch häufiger begegnen.

Doch machen wir vorher einen Ortswechsel ...

Maria blättert mit müden Augen die Seiten in ihrem Roman um. Es ist schon lange dunkel und es regnet. Endlich hat sie etwas Zeit für sich und in ihrem Bett ist es angenehm warm. Steffen, ihr Freund, wollte bereits seit über einer Stunde zu Hause sein. »Ihm wird schon nichts passiert sein«, denkt sie sich. Als er dann sehr spät ganz leise die Tür zu ihrem gemeinsamen Apartment öffnet, ist Maria bereits kurz eingeschlummert. Steffen betritt den Raum und legt seine Sachen vorsichtig in eine Ecke, um seine Freundin nicht aufzuwecken. Maria erwacht dennoch, schaltet die kleine Lampe an und setzt sich auf. »Wie war dein Abend?« Steffen drückt ihr einen liebevollen Kuss auf die Stirn. »Oh, wir haben so gelacht! Nach dem Meeting sind die Jungs und ich noch ein Bier trinken gegangen, du glaubst gar nicht, wie seltsam unser neuer Kunde ist.« Maria kichert, ohne ihm irgendetwas vorzuwerfen oder wütend zu sein.

Soweit von Natalie und Maria. Sowohl Sebastian als auch Steffen sind verlässliche und treue Partner, sie verhalten sich gegenüber ihren Freundinnen sehr ähnlich. Wie kommt es dann dazu, dass die beiden Frauen bei einem ähnlichen Auslöser völlig verschieden reagieren, anders denken, fühlen und handeln? Diese Fragen gelten nicht nur für die beiden, sondern für uns alle: Wie lernen wir eigentlich, wie wir Beziehung leben und Partnerschaft führen? Und warum verfügen wir alle über so verschiedene Beziehungsmuster, so unterschiedliche Sichtweisen, Vorlieben, Grenzen, Bedürfnisse und Sehnsüchte in Partnerschaften? So unterschiedliche Aspekte, die wir als unangenehm empfinden? Wie kommt es beispielsweise, dass der eine Mensch viel Nähe benötigt, während für einen anderen viel Nähe bedrohlich ist? Dass ein Mensch ständig kommunizieren möchte, während der andere schweigsam ist? Warum ruft eine vergleichbare Situation bei einer Person Aggression hervor und zaubert einer anderen ein Lächeln auf die Lippen?

Wenn wir uns diese Fragen stellen, drängt sich unweigerlich eine weitere Frage auf: Wo lernen wir das alles? Diesem Thema wenden wir uns in diesem Kapitel zu. Zunächst theoretisch und danach praktisch mit Blick auf dein persönliches Beziehungsleben. Daran schließt sich die erste Aufgabe an.

Von wem wir lernen, wie wir als Erwachsene Beziehungen führen

Im Vergleich zu vielen anderen Bereichen lernen wir nicht aktiv, wie man in Beziehung zu anderen Menschen tritt oder wie man eine Partnerschaft führt. Weder gibt es in der Schule ein Unterrichtsfach zum Thema »Beziehung und Partnerschaft«, noch unterstützen uns die Eltern dabei, wie sie es beispielsweise beim Schuhbinden oder Fahrradfahren aktiv und zielgerichtet tun. Auch sonst erzählt uns niemand, wie man das so macht. In manchen Familien gibt es ab der Pubertät der Kinder Gespräche über Beziehungsfragen oder Krisen in Partnerschaften, was sehr begrüßenswert ist. Doch in diesem Alter steht die Basis unserer »Beziehungssoftware«, wie ich es nenne, bereits. Auf dieser Software sind alle Erfahrungen unseres persönlichen »Beziehungsunterrichts« abgespeichert. Dieser Beziehungsunterricht erfolgt passiv, ohne dass wir bewusst daran denken. Es ist ein Unterrichtsfach, das vom ersten bis zum letzten Atemzug dauert, ohne Möglichkeit, aus diesem Unterricht auszusteigen.

Jeder Kontakt mit anderen Menschen kann die Beziehungssoftware beschreiben. In meinen Augen gibt es dabei zwei Hauptaspekte, die den größten Einfluss auf unsere spätere Beziehungsgestaltung nehmen. Beide haben mit unseren Eltern zu tun:

• Zum einen die <u>Vorbildfunktion der Eltern</u> oder anderer Hauptbezugspersonen (wie Adoptiv- und Stiefeltern oder Betreuer in einem Kinder- oder Jugendheim) und wie diese ihre Partnerschaft führen.

Beispielsweise, wie viel Vertrauen, Ehrlichkeit, Authentizität vorgelebt wird, wie sich die Eltern kritisieren, wertschätzen, streiten oder versöhnen. Wer den Ton angibt, wer welche Aufgaben und Rollen in der Familie übernimmt. Selbst wenn die Eltern sich getrennt haben, sind sie weiterhin Vorbild. Wie verlief die Trennung, wie wertschätzend kommunizieren die Eltern miteinander, wie verhalten sie sich gegenüber dem Kind? Wird es instrumentalisiert, als Partnerersatz oder seelische Stütze missbraucht? Muss es seine Liebe und Zuneigung zu Mama vor Papa verleugnen oder darf es weiterhin Kind sein und seine beiden Eltern lieb haben ...? Das ist die Beobachterrolle, die jeder automatisch einnimmt.

- Zum anderen der <u>Umgang der Eltern mit uns</u> als Ungeborenes, als Säugling, Baby, Kind und Jugendlicher. Meiner Erfahrung nach hat diese »Erlebensrolle« einen noch größeren Einfluss als die Beobachterrolle. Was erleben und erfahren wir im Bauch der Mutter, bei der Geburt mit ihr? Als Säugling auf dem Arm der Eltern und in allen späteren Lebensjahren im Kontakt beziehungsweise Nicht-Kontakt mit ihnen? Jedes Kind kommt mit einem Bindungswillen auf die Welt. Wenn Eltern diesen nicht erwidern, entstehen Bindungsstörungen.

Was sind mögliche Lerneinheiten des Beziehungsunterrichts? Insbesondere im Kontakt mit unseren Eltern, aber auch mit allen anderen Menschen? Im Folgenden jeweils einige Beispiele, aus der Sicht von Kindern:

- <u>Bedürfnisse und Wünsche</u>: Nehmen die Eltern meine Bedürfnisse wahr, ernst und gehen sie darauf ein – oder geschieht dies nicht und sie stellen ihre über meine?

- <u>Annahme und Anerkennung</u>: Darf ich so sein, wie ich bin – oder muss ich in irgendeiner Form anders sein, um nicht belächelt, ignoriert, ausgelacht, abgewertet oder sogar geschlagen zu werden? Können meine Eltern differenzieren zwischen mir als Mensch, der immer liebenswert ist, und meinem Verhalten, das mal nicht in Ordnung sein kann – oder unterscheiden meine Eltern das nicht?

- <u>Gefühle und Emotionen</u>: Darf ich meine Gefühle in dem Moment ausdrücken, in dem ich sie fühle – oder muss ich sie unterdrücken aus Sorge um Bewertung oder Kritik? Werde ich darin unterstützt, meine Gefühle auszuleben – oder erfahre ich, dass bestimmte Gefühle nicht gut sind oder nicht gezeigt werden dürfen und entwickle dadurch vielleicht sogar Schuldgefühle?

- <u>Freude oder Belastung:</u> Freuen sich meine Eltern an und mit mir, erlebe ich den »Glanz in den Augen der Mutter«, wie es der Psychoanalytiker Heinz Kohut beschrieb, – oder erlebe, höre, spüre ich, dass ich eine Last oder ein Umstand bin?

- <u>Zuverlässigkeit und Kontinuität</u>: Erlebe ich meine Eltern als verlässlich in ihren Aktionen, Reaktionen und Handlungen – oder reagieren oder agieren sie ständig unterschiedlich und damit für mich unberechenbar?

- <u>Nähe und Distanz</u>: Erhalte ich das Maß an körperlicher und emotionaler Nähe, das angenehm für mich ist – oder überschreiten meine Eltern Grenzen und lassen mir keinen Raum (zu viel Nähe) oder sind nicht für mich da (zu wenig Nähe)?

- <u>Aufmerksamkeit und Zeit</u>: Haben meine Eltern Zeit für mich – oder muss ich um jede Minute an Aufmerksamkeit kämpfen? Haben sie wirklich Interesse an mir und besteht ein echter Kontakt? Oder bin ich ihnen egal und alles dreht sich um sie selbst, ihre Arbeit, ihre Hobbys oder meine Geschwister?

- <u>Konflikte</u>: Werden gemeinsam Lösungen für strittige Punkte gesucht und darf ich eine Auseinandersetzung auch einmal gewinnen – oder werden diese nicht gelöst? Zum Beispiel, indem sie ausgeschwiegen werden oder meine Eltern mich ignorieren, bestrafen oder Schuldgefühle in mir hervorrufen?

- <u>Frustrationstoleranz</u>: Kann ich kleine Frustrationen erleben und dadurch Bewältigungsstrategien erlernen – oder räumen mir meine Eltern jede noch so kleine Herausforderung aus dem Weg?

Soweit ein kleiner Überblick über Unterrichtseinheiten im Fach Beziehung. Wie du siehst und sicherlich selbst aus deinem eigenen Leben kennst: Es geht für ein Kind um Wertschätzung und Akzeptanz, Liebe und Zuneigung, Nähe, Zeit und darum, sich erstgenommen und verstanden zu fühlen und so angenommen und unterstützt zu werden, wie es tatsächlich ist. Genau das, was wir uns später auch in Partnerschaften wünschen.

Im Fokus unseres Beziehungsunterrichts stehen folglich unsere Eltern. Doch auch andere Menschen können einflussreiche Lehrer sein – im förderlichen wie verletzenden Sinne: Ein Stiefelternteil, das uns zeigt, dass wir weniger wert sind als dessen leibliche Kinder; Großeltern, die uns jeden Nachmittag voller Liebe und Annahme begegnen; Kindergärtner, die uns nicht beachten; Lehrer, die uns fördern und positiv fordern; Mitschüler, die uns mobben oder Geschwister, die uns vor anderen Menschen in Schutz nehmen ...

Wie sich die Beziehungssoftware von Kindern durch Anpassung verfestigt

Kinder nehmen nahezu alles wahr, bewusst oder unbewusst. Sogar Aspekte, die die Eltern selbst nicht sehen und erleben oder von denen sie glauben, dass die Kinder sie nicht spüren oder verstehen. Das können etwa Energien und Spannungen zwischen Familienmitgliedern sein. Ein Kind nimmt zum Beispiel wahr,

- wenn Papa es vor allem dann mag, wenn es still, lieb und brav ist,

- wenn Mama es bewertet, wenn es etwas »falsch« macht,

- wenn Papa ständig wiederholt, dass »richtige« Jungen nicht weinen dürfen,

- wenn Mama mit ihrem Leben überfordert ist,

- wenn Papa Kummer hat,

- wenn die Eltern das jüngere Geschwisterchen mehr verwöhnen oder

- wenn die Eltern wenig Zeit für das Kind haben.

Doch Kinder nehmen das nicht nur wahr, sie reagieren auch darauf. Meist mit dem Ziel, viel Positives zu erhalten (zum Beispiel Aufmerksamkeit, Akzeptanz, Liebe, Sicherheit) und möglichst wenig Negatives zu erleben. Wobei positiv und negativ nicht die Sicht und Wertung der Eltern sein muss. In Kindern läuft unbewusst Folgendes ab: Wenn es meinen Eltern gut geht, dann geht es mir ebenfalls gut. Wenn meine Eltern leiden, dann leide ich selbst. Oder in der letzten Konsequenz: Wenn meine Eltern sterben, dann sterbe ich auch. Um möglichst viel Positives zu erleben, passen Kinder sich an, verstellen sich, verleugnen oder bilden Anteile (was ein Anteil ist, siehe im Kasten weiter unten) und entwickeln aus Kindersicht intelligente und zielführende Verhaltensanpassungen:

- Wenn Papa ständig wiederholt, dass »richtige« Jungen nicht weinen dürfen: Vielleicht entwickelt der Sohn die Verhaltensweise, seine schwache, weiche und traurige Seite zu unterdrücken. Erst gegenüber Papa, dann gegenüber sich selbst und anderen Menschen.

- Wenn Mama mit ihrem Leben überfordert ist: Vielleicht entwickelt die Tochter den Verhaltens- mechanismus, ihre eigenen kindlichen Bedürfnisse zur Seite zu schieben, Mama in allem zu unterstützen und zu früh erwachsen zu werden.

- Wenn Papa Kummer hat: Vielleicht entwickelt das Kind den Mechanismus, seinem Papa die Trauer abzunehmen.

- Wenn die Eltern das jüngere Geschwisterchen mehr verwöhnen: Vielleicht entwickelt der Sohn die Verhaltensweise, mit acht Jahren wieder ins Bett zu machen, damit die Eltern gezwungen sind, sich um ihn zu kümmern, ihm Aufmerksamkeit zu schenken.

- Wenn die Eltern wenig Zeit für die Tochter haben: Vielleicht entwickelt sie die Verhaltensweise, laut und aggressiv zu werden, damit die Eltern nicht anders können, als sich mit ihr zu beschäftigen.

Neben Nachahmung und zielführendem Verhalten gibt es die umgekehrte Reaktion: Kinder ziehen sich zurück, wenden sich von den Eltern ab, weil sie verzweifelt oder ohnmächtig sind.

Nicht nur im Verhalten oder den Gefühlen wird sichtbar, was Kinder alles wahrnehmen. Auch der Körper reagiert: Die Organfunktionen modifizieren sich durch das, was Kinder erleben. Zum Beispiel steigt bei Angst der Blutdruck an, beim Empfinden von emotionaler Wärme erhöht sich die Körpertemperatur.

Wie der Beziehungsunterricht unsere Beziehungs-software prägt

Je jünger wir sind, desto prägender sind für gewöhnlich diese Erfahrungen für unser späteres Beziehungsleben – im positiven und negativen Sinne. Selbstverständlich können auch spätere Erfahrungen ein prägender Faktor sein, etwa traumatische Erlebnisse oder einschneidende Beziehungserfahrungen. Doch generell trifft zu: Je jünger, desto prägender. Bei den Erfahrungen spielt es grundsätzlich keine Rolle, ob unsere Eltern etwas bewusst oder unbewusst, absichtlich oder unabsichtlich gemacht haben. Das kann später – bei der Aufarbeitung und Bewertung als Erwachsener – eine wichtige und heilende Differenzierung sein. Als Kind zählt jedoch allein das eigene Erleben und nicht, wie es die Eltern gemeint haben.

Schon gewusst? Was sind Anteile?

Ich werde immer wieder über Anteile sprechen. Was meine ich damit? Jeder Mensch hat unzählige innere Anteile in sich. Diese können gut miteinander harmonieren, widersprüchlich oder konkurrierend sein. Ein Beispiel: Du liegst abends im Bett und nimmst dir vor, morgen früh um 6:30 Uhr aufzustehen und joggen zu gehen. Das nennen wir den sportlich-motivierenden Anteil. Du freust dich über dein Vorhaben und schlummerst zufrieden ein, bis dich der Wecker um 6:30 Uhr aus dem Schlaf reißt. Plötzlich ist der sport-lich-motivierende Anteil weit im Hintergrund und es meldet sich der »Im Bett ist es so schön«-Anteil, der dir

---

leise einredet, dass du noch zehn Minuten liegen bleiben kannst. Nach zehn Minuten klingelt der Wecker erneut und für kurze Zeit übernimmt der sportlich-motivierende Anteil mit schlechtem Gewissen die Führung. Doch der andere Anteil ist geschickt und greift erneut ein: »Jetzt ist es eh schon zu knapp, um joggen zu gehen, und morgen ist das Wetter besser. Außerdem hast du heute eine wichtige Besprechung, und falls du dich verletzt, wirst du sie verpassen ...« So trifft dieser Anteil die Entscheidung, dass du dich nochmals umdrehst und eine weitere halbe Stunde im warmen Bett bleibst ...

Neben diesen beiden Anteilen in uns gibt es viele weitere: beispielsweise den mutigen, den unsicheren, den kontrollierenden, den loslassenden, den optimistischen, den pessimistischen Anteil. Jeder Mensch hat von allen Anteilen etwas in sich, nur sind sie unterschiedlich ausgeprägt und dürfen unterschiedlich stark die Führung und Kontrolle übernehmen. Wenn wir zum Beispiel ein bisschen tiefer ins Glas geschaut haben, melden sich vielleicht plötzlich Anteile in uns, denen wir sonst wenig Raum geben. Sie dürfen eben nur unter bestimmten Bedingungen raus.

Jeden Tag machen wir folglich Erfahrungen in unserem persönlichen Beziehungsunterricht. Wir entwickeln Vorlieben und Abneigungen für und gegen Verhaltensweisen und Charakterzüge, wir entwickeln Ressourcen und Fähigkeiten, haben bestimmte Bedürfnisse und Sehnsüchte an eine Partnerschaft und wir nehmen

Verletzungen und Enttäuschungen mit. Die Software jedes Menschen hat eine individuelle, einzigartige Charakteristik. Mit jeder neuen Erfahrung verfestigt sich seine Beziehungssoftware. Im Folgenden habe ich einige Aspekte dieser prägenden Erfahrungen aufgelistet. Alle Facetten dieser Eigenschaften zu beschreiben, würde den Rahmen dieses Buches sprengen. Daher habe ich mich jeweils auf die beiden extremen Ausprägungen beschränkt.

- Nähe und Distanz: Ist für mich Nähe angenehm, unangenehm, bedrohlich oder lebensnotwendig? Fühle ich mich wohl mit viel Nähe, mit der Verschmelzung mit dem Partner, oder bevorzuge ich räumliche oder emotionale Distanz und Freiräume?

- Erwartung und Enttäuschung: Bin ich selbstverantwortlich oder übertrage ich meinem Partner bewusst oder unbewusst die Aufgabe, für mich zu sorgen, mich glücklich zu machen?

- Geben und Nehmen: Möchte ich in einer Partnerschaft vor allem viel bekommen oder gebe ich gerne?

- Körperkontakt und Sexualität: Möchte ich sehr viele körperliche Berührungen beziehungsweise Sex oder ist mir eines oder beides davon weniger wichtig? Und: Welche sexuellen Vorlieben habe ich: »Blümchensex« oder Handschellen? Romantik oder Peitsche?

- Eifersucht: Bin ich schnell eifersüchtig? Macht mich ein kurzer Plausch meines Partners mit einer attraktiven Person unsicher – oder bleibe ich entspannt?

- Bedürfnisse: Nehme ich meine eigenen Bedürfnisse wahr und ernst und teile sie meinem Partner mit? Oder gebe ich mich auf und nehme meine Bedürfnisse nicht wahr oder traue mich nicht, diese auszudrücken und mich für sie einzusetzen?

- Familienplanung: Möchte ich unbedingt gemeinsame Kinder und würde meinen Partner verlassen, wenn er ein anderes Lebensmodell bevorzugt – oder ist es mir egal beziehungsweise sind Kinder für mich definitiv nicht vorstellbar?

- Sauberkeit: Ist mir körperliche Hygiene und die häusliche Ordnung sehr wichtig – oder bin ich da sehr tolerant?

- Finanzen: Möchte ich lieber Geld sparen oder gebe ich es gerne aus? Möchte ich ein gemeinsames Konto oder lebenslang eine getrennte Abrechnung?

- Harmoniebedürfnis und Konfliktverhalten: Streite ich gerne oder gehe ich jeder möglichen Auseinandersetzung aus dem Weg und schlucke viel hinunter? Streite ich laut und emotional oder sachlich, fachlich, analytisch?

- Kommunikation: Möchte ich möglichst viel Austausch, beiderseitiges Reden und Zuhören – oder bevorzuge ich es, wenig zu kommunizieren?

- Führung und Kontrolle: Möchte ich die Partnerschaft anführen, viel selbst entscheiden, oder ist es mir lieber, Verantwortung abzugeben und passe mich gerne an?

Bei dieser Auflistung gibt es kein Richtig oder Falsch und kein Gut oder Schlecht. Vielmehr geht es darum, ob etwas beziehungsförderlich oder beziehungshinderlich ist. Das kann sich von Partnerschaft zu Partnerschaft unterscheiden.

Aufgabe 1: Wie war dein Beziehungsunterricht und was steht auf deiner Beziehungssoftware?

Jetzt stellt sich die Frage: Sind wir für immer und ewig dazu »verdammt«, mit dieser Beziehungssoftware durchs Leben zu gehen und entsprechend der Prägung zu agieren und zu reagieren? In meiner Praxis und auch bei mir selbst erlebe ich, dass wir jederzeit die Wahl haben, uns zu verändern und zu verwandeln. Manche Veränderung ist leichter, eine andere schwerer, einige dauern Jahre, andere vollziehen sich wesentlich schneller. Die Voraussetzung ist, dass wir uns bewusst dazu entscheiden und aktiv werden.

In diesem Buch gibt es drei Aufgaben, die aufeinander aufgebaut sind. Los geht es mit der ersten Aufgabe, die wiederum in Teil A, B und C aufgeteilt ist. Lass uns dazu einen Blick zurück in deine Kindheit werfen: Wenn du an diese Zeit denkst, welche Situationen kommen dir in den Sinn und welche Gefühle nimmst du in dir wahr? Ist alles weit weg, verschwommen, vergessen oder verdrängt? Oder hast du lebhafte Erinnerungen, kommen dir Situationen in den Sinn und zeigen sich verschiedene Gefühle in dir? Sind es schöne, lebendige und freudige Erinnerungen oder schwere, einsame und traurige? Oder beide Seiten, oder keine?

Teil A) Schreiben

Deine Aufgabe ist es, zwei Briefe zu schreiben. Einen an deine Mutter, einen an deinen Vater. Wenn deine wichtigste Bezugsperson beispielsweise deine Oma oder der Stiefvater war, dann schreibe die Briefe an sie. Es geht nicht darum, dass die »Empfänger« diese Briefe lesen oder du sie ihnen vorliest, sie sind nur für dich gedacht. Nimm dir bitte genügend Zeit für beide Briefe! Am besten schreibst du sie dann, wenn du keinen Zeitdruck hast oder abgelenkt bist. Zudem hat es sich bewährt, nicht beide Briefe direkt hintereinander zu schreiben, sondern den ersten zunächst wirken zu lassen.

Was ist der Inhalt der Briefe? Schreibe die Briefe aus der Perspektive, als du Kind warst. An die Mutter deiner Kindheit und den Vater deiner Kindheit. Sprich inhaltlich vor allem das an, was dich früher beschäftigt hat – und weniger das, was heute zwischen euch steht. Vielleicht leben deine Eltern oder ein Elternteil nicht mehr, das wäre für diese Aufgabe nicht hinderlich. Die folgenden drei Aspekte sollen dir als Orientierung dienen:

- Ich habe dich in Erinnerung als …

- Es war nicht in Ordnung, dass …

- Ich bin dankbar dafür, dass …

Schreibe den Brief direkt an deine Mutter oder deinen Vater, folglich in Du-Form, zum Beispiel: »Hallo

Mama, ich möchte dir einen Brief schreiben ...« Hast du jetzt gerade Zeit, den ersten Brief zu schreiben? Leg am besten das Buch zur Seite, bis du mit beiden Briefen fertig bist.

Wie ging es dir beim Schreiben, mit dem Blick zurück in deine Lebensgeschichte, den Erinnerungen und Erlebnissen als Baby, Kind oder Jugendlicher und der Auseinandersetzung mit deinen Eltern? Ist es dir leichtgefallen? Sind dir viele Erinnerungen in den Sinn gekommen? Was hast du dabei gefühlt: Freude, Wut, Dankbarkeit, Trauer, Liebe, Enttäuschung, Geborgenheit oder anderes?

Teil B) Verdichten der Wünsche

Jetzt geht es darum, dass du für Mama und Papa die Inhalte aus dem Brief verdichtest. Suche jeweils die drei Wünsche und Bedürfnisse heraus, die am wichtigsten für dich gewesen wären, zum Beispiel an deine Mutter: »Erstens mehr Zeit für mich, zweitens keinen Leistungsdruck in der Schule und drittens, dass du mir geglaubt hättest, als ich dir etwas erzählt habe.« Und das Gleiche an deinen Vater.

So gibt es insgesamt sechs Wünsche beziehungsweise Vorwürfe. Ebenfalls aus deiner kindlichen Perspektive. Die Wünsche können sich auch auf von dir unabhängige Lebensbereiche beziehen, zum Beispiel der Wunsch an Papa, dass er mehr Selbstbewusstsein gehabt hätte.

Teil C) Verdichten der Dankbarkeit

Machen wir einen Perspektivwechsel: Suche nun jeweils für Mama und Papa drei Aspekte aus dem Brief, für die du dankbar bist. Zum Beispiel an deinen Vater: »Erstens war es toll, dass du mir gezeigt hast, was Verantwortung bedeutet, zweitens, dass du mir geduldig Basteln und Handwerken beigebracht hast und als Drittes, dass du für mich da warst, wenn ich dich gebraucht habe.«

Wir können auch dankbar für etwas sein, was für uns zunächst eine Herausforderung war: Etwas, woran wir wachsen konnten oder mussten und wodurch wir bestimmte Stärken und Fähigkeiten entwickeln konnten.

Wie geht es dir mit der Aufgabe, den Briefen und den Wünschen sowie der Dankbarkeit? Hat sich in dir durch das Schreiben etwas verändert? Bei vielen Menschen, die diese Übung in dieser oder ähnlicher Form durchgeführt haben, ist innerlich viel geschehen. Manche haben Tränen vergossen, andere haben sich an längst vergessene Situationen erinnert, und wieder andere waren dankbar für die Begleitung der Eltern und haben diese in einem anderen Licht sehen können. Obwohl häufig Trauer oder Wut spürbar waren und alte Themen wieder hochkamen, hatten diese Briefe eine befreiende Wirkung.

Machen wir an dieser Stelle erst einmal einen Punkt. Einmal durchatmen. Bewahre die Briefe für später auf.

Wie der Beziehungsunterricht von Natalie war

Blicken wir noch einmal auf die Geschichte und den Beziehungsunterricht von Natalie, was sie erlebt und geprägt hat. Natalie ist die Frau, bei der die Abwesenheit und Verspätung ihres Partners Ängste in ihr hervorrief.

Natalie hatte es nicht leicht in ihren ersten Lebensjahren: Sie musste viele prägende Erfahrungen in ihrer Familie machen. Ihre Mutter hat ihr Bestes gegeben. Das war mal viel, mal wenig. Sie hat sich für ihre Kinder aufgeopfert und war zeitlebens unglücklich mit ihrem Mann, Natalies Vater. Wie bei den meisten Töchtern spielte der Vater bei späteren Partnerschaften eine prägendere Rolle als die Mutter. Bei Söhnen ist es umgekehrt. Natalies

Papa war selten da, er war beruflich viel unterwegs. Wenn er mal Zeit für die Kinder hatte, spielte er mit Natalies älteren Brüdern Fußball oder ging mit ihnen zum Klettern oder Zelten. Sie hingegen war nicht wichtig. So hat sie sich zumindest gefühlt. Sie versuchte ständig, ihren Papa zu beeindrucken, damit er sie wahrnimmt, Zeit für sie hat und ihr Liebe und Aufmerksamkeit schenkt. Leider ohne den erhofften Erfolg. Mit Mädchen konnte Papa nicht besonders gut umgehen. Seine Söhne waren für ihn deutlich interessanter.

Papa war und blieb für Natalie unerreichbar: Sowohl emotional als auch zeitlich. Nicht, weil mit ihr etwas nicht stimmte, sondern mit ihrem Vater. Er hatte selbst von seinen Eltern keinen guten Beziehungsunterricht erhalten. Als Natalie zwölf Jahre alt war, trennten sich ihre Eltern. Fortan sah sie ihren Vater noch seltener. Wenn sie bei ihm war, dann war sie stundenlang auf sich alleine gestellt: Entweder weil er vor dem Computer saß oder mit seinen Kumpels unterwegs war. Sie blieb alleine. Alleine mit ihrem Lieblingsteddy, ihrer Angst und der Hoffnung, dass irgendwann alles noch gut wird.

Das ist ein kleiner Ausschnitt aus Natalies Kindheit und Jugend. So wie sie geprägt wurde, geht es uns allen: Der tägliche Beziehungsunterricht mit unseren Eltern und anderen nahen Menschen hat einen bedeutenden Anteil daran, wie wir als Erwachsene selbst Beziehungen leben. Hierbei spielt es keine Rolle, ob wir uns an all diese Erlebnisse in den ersten Lebensjahren genau erinnern oder nicht. Unser Unterbewusstsein und emotionales Gedächtnis haben das alles für uns gespeichert.

Stellen wir uns vor, dass Natalie an ihre Eltern diese beiden Briefe geschrieben hätte: Von ihrer Mutter hätte sie sich gewünscht, dass diese ihren Vater häufiger aufgefordert hätte, mit Natalie etwas zu unternehmen, dass sie sich nicht von ihrem Vater getrennt hätte und dass sie ihr gezeigt hätte, dass Frauen auch selbstständig sein können und keinen Mann brauchen. Die Vorwürfe an ihren Vater würden lauten: »Du warst nie für mich da, andere waren dir wichtiger als ich. Ich war dir einfach nicht wichtig!«

Welche »Schuld« und Verantwortung Eltern tragen

Eltern lieben ihre Kinder und möchten, dass es ihnen gut geht. Sie möchten sie annehmen, ihnen Liebe, Wertschätzung, Geborgenheit geben und die »Fehler« der eigenen Eltern nicht wiederholen. Dieser Wunsch lebt in den meisten Eltern. Doch im Alltag sieht es häufig anders aus: Sie sind mit sich selbst beschäftigt, nicht präsent oder liebevoll. Manche stülpen ihre eigenen Ängste, Vorstellungen oder ihren Ehrgeiz ihren Kindern über. Auch wenn sie im jeweiligen Moment das Bestmögliche geben – es ist nicht immer das Beste für das Kind. Doch warum gelingt das nicht immer?

Oft sind die Eltern selbst noch verstrickt in ihrer Lebensgeschichte und den prägenden Erfahrungen mit den eigenen Eltern. Je mehr unaufgeräumte Erlebnisse, unverheilte Verletzungen und unterdrückte Gefühle existieren, desto wahrscheinlicher geben sie über die Art und Weise, wie sie ihr Kind begleiten, Verletzungen weiter. Häufig geht das von Generation zu Generation, sodass auf der Beziehungssoftware vieler Generationen ähnliche Dinge geschrieben stehen. Wer trägt die »Schuld«? Die eigenen Eltern? Oder die Großeltern, weil sie etwas an die eigenen Eltern weitergegeben haben? Oder noch eine Generation davor? Weitere Gedanken zur mehrgenerationalen Perspektive findest du weiter unten im Exkurs.

Für mich hat sich mit diesen Gedanken und dem Wissen über den Beziehungsunterricht der eigenen Eltern das Bild von deren Schuld verändert. Was jedoch nicht heißt, dass sie deshalb keine Verantwortung tragen. Im Verantwortungsbereich von Eltern sollte die Aufarbeitung der eigenen Lebensgeschichte liegen, damit sie nicht ihre unverarbeiteten Erlebnisse oder Traumata bewusst oder unbewusst an ihre Kinder weitergeben. Wenn die Kinder bereits erwachsen sind und die Geschehnisse in ihrer Kindheit nicht mehr rückgängig gemacht werden können, kann ein Austausch zwischen Kindern und Eltern oder eine späte Verantwortungsübernahme der Eltern vieles zum Guten wenden.

Als Erwachsene haben wir die Wahl: Wir können entweder weiterhin die Verantwortung für unser Leben und Leiden an die Mutter und den Vater abgeben und in die Opferrolle verharren. Oder wir können eigenverantwortlich das angehen, was wir noch mit uns tragen, was uns noch schmerzt und uns im Leben und in Beziehungen einschränkt. Das Schöne ist: Wenn wir erwachsen sind, können wir selbst unsere Geschichte gestalten und beeinflussen. Als Menschen haben wir diese einzigartige Fähigkeit. Wir können diese großartige Chance wahrnehmen und daran wachsen. Selbst wenn die Aufarbeitung mitunter ein jahrelanger Prozess sein kann, er ist unglaublich befreiend, positiv-verändernd – und er lohnt sich. Auf diesem Weg kann uns vieles begegnen: Freude, Trauer, Fortschritt, Ohnmacht, Leichtigkeit, Ärger, Gelassenheit, Rück-schritt, Freiheit, Kummer, Dankbarkeit. Diesen Prozess zu durchlaufen – der bei jedem Menschen anders aus-sieht –, ist richtig und wichtig, bevor wir unseren Eltern verzeihen und mit ihnen Frieden schließen.

Zum Nachdenken und Reflektieren: Was ist das Wesentliche aus diesem Kapitel?

Wenn ich dieses Kapitel zusammenfassen müsste, würde ich Folgendes sagen: Jeder Mensch hat Prägun-gen. Das Wissen und Verständnis über den eigenen Beziehungsunterricht kann zu viel Klarheit und Selbst-annahme führen und der Beginn eines Loslösungs-, Veränderungs- und Heilungsprozesses sein.

Was nimmst du mit aus diesem Kapitel? Ist es ein bestimmter Gedanke, Impuls, eine Erinnerung oder eine Erkenntnis? Haben die Briefe etwas in dir in Bewegung gesetzt und gibt es etwas, was du dir vor-nimmst?

Exkurs: Ursachen für das unterschiedliche Erleben und Verhalten von Menschen

Im Folgenden ein kleiner Überblick der in Wissenschaft und Forschung genannten Gründe, die zu den Unterschieden im Erleben und Verhalten von Menschen führen:

- <u>Persönliche Erfahrungen und Erlebnisse</u>: All das, was wir von der Zeugung an bis zum gegenwärtigen Zeitpunkt erfahren und erlebt haben, prägt unsere Beziehungsgestaltung. Dazu gehören insbesondere die Schwangerschaft und Geburt sowie die ersten Lebensjahre. Weitere Gedanken dazu findest du im nächsten Kasten: »*Ein Blick zurück in die Geschichte*«

- <u>Veranlagung</u>: Was wir von unseren Eltern genetisch übernommen haben.

- <u>Gesellschaftliche Rahmenbedingungen</u>: Alle kulturellen, religiösen und geografischen Einflüsse in unserer Umwelt prägen uns ebenso. Ein saudi-arabischer Mann hat beispielsweise eine andere Vorstellung von einer moralisch vertretbaren Anzahl an Ehefrauen als ein Schweizer.

Diese drei Aspekte sind die eine Seite der Medaille: dass wir geworden sind, wie die Umwelt uns »gemacht« hat. Doch die andere Seite ist ebenfalls von Bedeutung: wie wir auf die Umwelt reagierten und immer noch reagieren. Wobei dies wiederum mit der ersten Seite zu tun hat: welche Kompetenzen und Fähigkeiten wir erlernen konnten, um entsprechend auf Ereignisse der Umwelt zu reagieren oder selbst zu agieren.

Neben den oben genannten Aspekten für die Unterschiede im Erleben und Verhalten stelle ich hier kurz weitere mögliche Ursachen vor. Diese finden in Wissenschaft und Forschung in unserem westlichen Kulturkreis teils weniger Beachtung, dennoch möchte ich sie aufzeigen:

- Mehrgenerationale Perspektive: Insbesondere in der systemischen Beratung und Therapie wird das gesamte Familiensystem mit dem Blick auf vorherige Generationen berücksichtigt. Manche Charaktereigenschaften oder Herausforderungen im Leben eines Menschen können beispielsweise durch Glaubenssätze oder Mythen in der Familie oder durch Erlebnisse in vorherigen Generationen erklärt werden. Manchmal werden bestimmte Themen unbewusst von Generation zu Generation weitergegeben, bis sie erkannt und aufgelöst werden.

- Vorherige Leben: Viele Kulturen und Religionen glauben an Reinkarnation. Das bedeutet, dass wir zu verschiedenen Zeiten und in unterschiedlichen Körpern immer wieder auf die Welt kommen. Nach dieser Vorstellung nehmen wir bestimmte Charaktereigenschaften, Fähigkeiten, Phobien, Verletzungen oder ungelöste Aufgaben aus früheren Leben in eine neue Inkarnation mit. Unser Geist kann sich daran nicht erinnern, unsere Seele trägt dieses Wissen jedoch mit. Der Glaube an Reinkarnation unterscheidet sich dabei deutlich zwischen westlichen und östlichen Kulturen. In Indien ist dieser Gedanke beispielsweise völlig normal und jedes Kind glaubt daran. Wenn dich das Thema interessiert, kann ich dir das Buch von Carol Bowman empfehlen: »*Mama, ich war schon einmal erwachsen! Kinder erinnern sich an frühere Leben*«

- Das <u>*Ich*</u>: Die Biografien mancher Menschen lassen erkennen, dass etwas »Eigenes« sie antreibt, etwas, das nicht allein mit ihren Erlebnissen und Erfahrungen erklärt werden kann. Wie eine innere Kraft des Menschen. Es gibt Menschen, die bereits in jungen Jahre von einer Idee beseelt sind: »Das will ich, das muss ich, das kann ich ...«. Und so starten sie ihre Mission. Eine Aussage von Friedrich Schiller passt dazu gut: »*Auf dass der Mensch sich selber schaffe und nicht gemacht werde von irgendwem oder irgendwas.*«

Soweit einige Aspekte, die auf unsere Persönlichkeit Einfluss nehmen können. Ich habe den Eindruck, dass wir Menschen Schritt für Schritt immer mehr verstehen. Und in Zukunft noch viel Neues lernen und erkennen werden, warum ein Mensch so ist wie er ist. Der Fokus in diesem Buch liegt dabei auf dem oben zuerst genannten Aspekt »Persönliche Erfahrungen und Erlebnisse«, wie wir als Persönlichkeit insbesondere durch Erfahrungen in unserer Kindheit geprägt werden.

Schon gewusst? Ein Blick zurück in die Geschichte

Vor nicht allzu langer Zeit dachte man in der Psychologie und Medizin, dass Neugeborene keine Gefühle haben. Alle Erlebnisse und Erfahrungen, so die verbreitete Annahme, hätten noch keinen Einfluss auf das spätere Leben. Teilweise wurden Säuglinge bis Ende

---

der 1970er-Jahre ohne Narkose operiert. Man glaubte, dass diese kleinen Wesen noch keine Schmerzen spüren. Das ist aus heutiger Sicht unvorstellbar. Selbst in der Psychologie war man lange der Meinung, dass sehr junge Kinder noch nicht traumatisiert werden können, wenn sie beispielsweise körperlich misshandelt wurden, einen schweren Autounfall erlebten oder ständige Ablehnung und Missachtung erfuhren. Doch langsam wurde Ärzten, Psychologen und Forschern in der Wissenschaft bewusst, dass selbst die kleinsten Wesen bereits fühlen und wahrnehmen – was jede Mutter und jeder Vater intuitiv schon immer wusste. Und dass Erlebnisse in der frühesten Kindheit einen Einfluss auf das spätere Leben haben.

In den letzten Jahren blickte man noch weiter zurück: zur Schwangerschaft und Geburt und deren Einflüssen. Es gibt mittlerweile viele Forschungsergebnisse, die nachweisen, dass Ungeborene im Mutterleib sehr vieles mitbekommen – von Mama wie von Papa. Beispielsweise was Mama isst, welche Musik sie hört und wie entspannt oder gestresst sie ist. Selbst die emotionale und seelische Verfassung der Eltern ist für das Ungeborene spürbar: zum Beispiel, ob sie sich auf den Nachwuchs freuen und der neuen Aufgabe gewachsen fühlen oder ob sie sich einen Jungen oder ein Mädchen wünschen. Du findest das Thema spannend? David Chamberlain hat ein interessantes Buch darüber geschrieben: »*Woran sich Babys erinnern: Die Anfänge unseres Bewusstseins im Mutterleib*«

2) Mein »blöder« Partner macht mir das Leben schwer

Wenn du heute auf dich schaust, siehst du das »Ergebnis« deiner Lebensgeschichte, was sie mit dir und was du aus ihr gemacht hast. Wie im vorherigen Kapitel beschrieben, besitzen wir als Erwachsene eine stabile Beziehungssoftware – mit Licht und Schatten. Vielleicht fragst du dich, was das mit deinen Beziehungen und Partnerschaften heute zu tun hat. Viel! Diesem Zusammenhang wenden wir uns in diesem Kapitel zu. Mit der Absicht dahinter, dass durch das Verstehen dieser Verbindung Partnerschaften leichter werden können und wir eine nachhaltige Lösung für unangenehme oder konfliktbehaftete Situationen in Beziehungen finden werden.

Aufgabe 2: Was dein Beziehungsunterricht mit deinen Partnerschaften zu tun hat

Erinnerst du dich an die erste Aufgabe im vorherigen Kapitel? Nun knüpfen wir mit der zweiten dort an. Sie besteht aus drei Teilen: A, B und C.

Teil A) Wünsche und Vorwürfe heute

Lass uns einen Blick auf das Heute richten. Auf deine aktuelle Partnerschaft oder Ehe, oder auf vergangene, wenn du aktuell nicht liiert bist. Nimm dir Zeit, dir selbst die folgenden Fragen zu beantworten:

Was muss dein aktueller oder früherer Partner machen, um dich zu treffen, sodass du mit Rückzug oder Konfrontation reagierst? Zu spät kommen oder dir nicht zuhören? Dich anlügen oder kritisieren? Dich nicht ernst nehmen oder einengen? Jemand anderem mehr Aufmerksamkeit schenken oder dir Informationen vorenthalten? Was hat dich am meisten in deinen bisherigen Beziehungen verletzt oder verletzt dich heute noch? Was war am schwierigsten für dich? Nimm dir ein paar Minuten Zeit und notiere alles, was dir dazu einfällt. Blicke dafür auf alle wichtigen Partnerschaften in deinem Leben. Solltest du noch in keiner Partnerschaft gelebt haben, kannst du für die Aufgabe anstelle eines Partners auch andere nahe oder wichtige Menschen in deinem Leben heranziehen.

Notizen und Gedanken...

Hast du etwas gefunden? Ist es dir leichtgefallen oder nicht? Gab es Wiederholungen, also Aspekte, mit denen du in den verschiedenen Beziehungen öfter konfrontiert wurdest? Verdichte diese Gedanken ebenfalls zu drei Vorwürfen oder Wünschen, die du an deinen aktuellen Partner hast beziehungsweise die du an den vorherigen Partner hattest.

Teil B) Dankbarkeit heute

Partnerschaft ist etwas unglaublich Positives und Tragendes und bedeutet glücklicherweise nicht nur Verletzung oder Schwere. Jetzt hast du die Möglichkeit, auf diese schöne Seite zu blicken. Mache dir Gedanken zu den folgenden Fragen: Wofür bist du dankbar, was schätzt du an deinem Partner oder was soll so bleiben, wie es ist? Wenn du aktuell nicht in einer Beziehung bist, blicke auf vergangene Partnerschaften: Gab es hier auch Positives, das sich wiederholt? Welche Fähigkeit besitzt du, dass dieses Schöne immer wieder da ist, was trägst du dazu bei?

Teil C) Die Verbindung

Nun zur Verbindung der ersten und zweiten Aufgabe: Erkennst du Parallelen zwischen den Wünschen und Vorwürfen, die du in Aufgabe 1 an deine Eltern gerichtet hast und denen, die du jetzt an deinen Partner hast?

Wenn ich auf mein Leben blicke, werden mir meine Parallelen deutlich. Ich hatte im Studium und in therapeutischen Aus- und Fortbildungen unzählige

Möglichkeiten, diese zu erforschen und zu entdecken. Und viele zu akzeptieren und schließlich zu verwandeln. Manche Parallelen möchten wir vielleicht nicht gleich sehen und wahrhaben. Das darf auch Zeit brauchen. Vielleicht hast du sofort Gemeinsamkeiten entdeckt, möglicherweise auch nicht. Lass es wirken – vielleicht fallen dir in nächster Zeit noch weitere Parallelen ein oder auf. Diese Aufgabe ersetzt keine Therapie, um die Verletzungen aufzuarbeiten. Sie ist zum Erkennen und Bewusstwerden gedacht. Als Beginn, sich selbst besser zu verstehen und somit mehr Selbstverantwortung übernehmen zu können.

Was Natalies Beziehungsunterricht mit ihren Partnerschaften zu tun hat

Schauen wir noch mal auf das Leben von Natalie. Einen kleinen Ausschnitt aus ihrer Biografie und ihrem Beziehungsunterricht hast du bereits kennengelernt.

Natalie ist eine sympathische und erfolgreiche Frau Ende 30. Eigentlich steht sie mit beiden Beinen fest im Leben. Doch es gibt etwas, das ihr Kummer bereitet – du kennst es bereits: wenn ihr Partner Sebastian nicht da ist, sich verspätet oder sie sich nicht sicher ist, was er gerade macht. Das ist ihre Verlustangst. Sobald Sebastian nicht bei ihr ist, wird es seelisch eng für sie. Eng in ihrem Herzen. Die Brust schnürt sich zu und das Gedankenmonster kommt und legt sie lahm: »Flirtet er mit seiner Kollegin? Mag er mich überhaupt noch? Wird er mich verlassen, wenn ich wieder mal keine Lust auf Sex habe …?« Die Gedanken führen zu einer negativen Bewer-

tung, zu Ängsten und unangenehmen Körpergefühlen, die wiederum zu weiteren negativen Emotionen und destruktiven Gedanken führen. Ein Teufelskreis ... Aus diesem Teufelskreis kommt sie am schnellsten heraus, wenn Sebastian bei ihr ist, selbst wenn sie dann erst einmal alle Gefühle rauslässt und ihn beschimpft. Oder er ihr zumindest schreibt, dass er sie liebt und sie die wichtigste Person für ihn ist. Kurzfristig hilft das.

Natalie kennt das Verhalten von Männern aus ihren drei vorherigen Partnerschaften gut, dass diese zu spät kommen oder sich – aus ihrer Perspektive – nicht ausreichend um sie kümmern. Dieses Verhalten frustriert sie, macht sie wütend und traurig. »Wie ungerecht doch die Welt ist, dass ich schon wieder eines dieser Exemplare abbekommen habe, die so viel Freiheit benötigen und so unzuverlässig sind«, denkt sie. Sie versucht mit verschiedenen Verhaltensweisen, diesen »Mangel« zu beheben: Entweder macht sie ihm alles recht, damit er endlich erkennt, was für eine tolle Frau sie ist. Oder sie meckert an ihm herum und macht ihm Vorwürfe, damit er endlich kapiert, dass er sich falsch benimmt und ihr wehtut. Wenn man Natalie fragen würde, was sie Sebastian vorwirft, wären es vor allem diese drei Dinge: Du bist nie für mich da, andere sind dir wichtiger als ich und ich bin dir nicht wichtig!

Fällt dir etwas auf? Es sind genau die gleichen Vorwürfe, die sie an ihren Vater gerichtet hat. Das sind ihre wunden Punkte, an denen andere Menschen sie leicht berühren, sie antriggern und emotional »machen« können. Was macht Natalie als erwachsene Frau? Sie versucht in einer Partnerschaft das zu bekommen, was ihre Eltern – insbesondere ihr Vater – ihr nicht gegeben haben und was sie so sehr vermisst hat. Sie sucht folglich die Lösung für diesen alten Mangel im Außen: bei Ihrem Partner. Dort wird sie diese Lösung aber nicht finden. Der Partner kann nicht die Wunde heilen, die jemand anderes verursacht hat. Ihr Partner ist die falsche Zielperson für ihre Vorwürfe und Veränderungswünsche – diese gehören nach Hause zu Mutter und Vater. Unabhängig davon, ob die eigenen Eltern noch leben oder ob man Kontakt mit ihnen hat oder nicht. Diese Erkenntnis ist der erste Schritt für Natalie: aufzuhören, die Lösung bei Sebastian zu suchen oder einzufordern, sondern zu erkennen:

- Die Ursache liegt in meiner Lebensgeschichte. Und nicht bei meinem Partner oder anderen Menschen.

- Die Lösung liegt in mir!

Wenn du weißt, dass die Lösung nicht bei anderen gefunden werden kann, da es deine Verletzungen sind, dann brauchst du niemand anderem die Verantwortung zu geben. Mit der Folge, dass sich deine Erwartungshaltung deinem Partner gegenüber für vergangene und zukünftige Erlebnisse verändern kann. Hinsichtlich bereits geschehener Dinge in der Partnerschaft muss er vielleicht nicht mehr so viel wiedergutmachen oder heilen. Und für zukünftige Verhaltensweisen musst du deinem Partner weniger vorschreiben, wie er sich zu verhalten hat, damit er eben keinen Triggerpunkt mehr von dir berührt. Alleine dieses Wissen kann viel Entspannung und Frieden in Partnerschaften bringen.

Das erlebe ich bei der Arbeit mit meinen Klienten häufig.

Auch Izy, ein älterer Mann in der Geschichte »Der vergrabene Schatz« von Jorge Bucay erlebte, dass die Lösung häufig viel näherliegt, als man denkt. Die Kurzgeschichte geht in etwa so:

Izy, ein armer Mann, hat immer wieder den gleichen Traum: Er sieht einen wertvollen Schatz, der unter einer Brücke vergraben liegt. Er kann sich keinen Reim darauf machen, doch irgendwann vermutet er, dass es eine Botschaft an ihn ist. Also macht er sich eines Tages auf, diesen Schatz zu finden. Nach mehreren Tagesreisen kommt er in der Stadt mit der bekannten Brücke an und findet alles so vor wie in seinem Traum. Er würde gerne gleich nach dem Schatz graben, doch die Brücke wird Tag und Nacht von einem Soldaten bewacht. Daher beschließt er, erst einmal abzuwarten und in der Nähe sein Lager aufzuschlagen. Der Soldat wundert sich über den alten Mann und spricht ihn an. Izy möchte den Soldaten nicht anlügen und erzählt ihm von seinem Traum. Da kann der Soldat sein Lachen nicht unterdrücken und sagt zu ihm: »So lange bist du hierher unterwegs gewesen wegen einem Schatz, du Narr! Und ich träume bereits seit Jahren von einem Schatz, der unter dem Küchenboden eines Mannes mit dem Namen Izy vergraben liegt. Aber ich bin doch nicht derart verblödet und mache mich auf die Suche nach dem Mann, das ist ja nur ein Traum.« Dankbar verabschiedet sich Izy von ihm und macht sich auf den Nachhauseweg. Dort angekommen, findet er tatsächlich den Schatz unter seiner Küchendiele ...

Wie auch kleinere Erlebnisse uns prägen können

Es müssen nicht immer traumatische, einschneidende Erlebnisse wie bei Natalie sein. Selbst vermeintlich unbedeutende oder sich wiederholende Themen hinterlassen Spuren auf unserer Beziehungssoftware. Wie beispielsweise bei Peter:

Peter hat einen dicken Hals – zumindest emotional gesehen. Er könnte platzen. Helena hat schon wieder die Küche in einem, nun ja, wie würde er es diplomatisch ausdrücken ..., »unschönen« Zustand hinterlassen. In seinen Augen sieht es ziemlich chaotisch aus: Die verschmutzten Teller und Schälchen stapeln sich, die leeren Weinflaschen stehen im Weg, der Parmesan liegt auf dem Tisch statt im Kühlschrank und der Mülleimer quillt nahezu über. Dabei hatte sie ihm versprochen, dass sie alles schön herrichtet und anschließend putzt. Beide wohnen nun sieben Jahre zusammen und sie kennt seine Ordnungs- und Sauberkeitsliebe. Das Thema war schon oft ein Streitpunkt.

Soweit der Blick in das heutige Leben und Erleben von Peter. Wie kommt es, dass für ihn Sauberkeit und Verlässlichkeit derart wichtig sind und dieses Thema dauernd zu Konflikten mit Helena führt? Viele andere Menschen würden in einer solchen Situation anders reagieren, sie würden sich vielleicht kurz ärgern, jedoch nicht die Fassung verlieren. Du kannst es dir bestimmt denken: Es lohnt sich wiederum der Blick in die Vergangenheit:

Mama Viktoria und Papa Arnold lebten mit Peter, ihrem geliebten Einzelkind, in einer schicken Penthouse-Wohnung in Köln. Nur die besten Einrichtungsgegenstände, zweimal in der Woche eine Putzfrau. Peter lernte Sauberkeit und Ordnung kennen und lieben. Wenn er selbst unordentlich war, etwas verschüttete oder einen Gegenstand nicht wieder an den dafür vorgesehenen Platz brachte, dann war seine Mutter gleich zur Stelle – und ließ ihn unmissverständlich wissen, dass sie einen sauberen, ordentlichen und strukturierten Sohn am liebsten hat. Demnach lernte er, dass er nicht liebeswert ist, sobald er unordentlich ist. Jetzt ist er 52 Jahre alt, und wenn es nicht sauber, ordentlich und strukturiert zugeht, dann fühlt er sich unwohl. Und wehe, seine Partnerin zeigt diese Seite: Dann fühlt er sich selbst ungeliebt und nicht wertgeschätzt – wie zu Hause bei seiner Mutter.

Es hätte auch sein können, dass Peter aufgrund seiner Erfahrung sich in die gegenteilige Richtung entwickelt hätte: zu einem Mann, der alles liegen und stehen lässt, weil er eine »seelische Allergie« gegen Sauberkeit und Ordnung entwickelt hat. Bei solch einer gegenteiligen Entwicklung wäre er jedoch seelisch ebenfalls nicht frei. Er wäre dann eben darin gefangen, sich nur bei großer Unordnung wohlzufühlen.

Eine zweite Geschichte:

Hugo ist ziemlich am Ende. Schon wieder steht seine Partnerin Nora nicht zu ihm. Er hatte sie doch extra darum gebeten, dass sie ihn mit ihren Kollegen bekannt macht. Doch als sich die Gelegenheit ergab, hat sie es nicht gemacht und so getan, als sei sie nur eine gute Freundin von Hugo. Ein Stich in sein Herz – am liebsten würde er heulen. Doch als Vorstand der städtischen Verkehrsbetriebe kommt das nicht infrage und so schluckt er seine Trauer und Wut herunter. Zu Hause kommt es dann zum Streit: Hugo wirft Nora vor, dass sie ihn nicht liebe und er gerade nur gut in ihr Lebenskonzept passe. Nora versteht – mal wieder – die Welt nicht mehr, sie fühlt sich in die Ecke gedrängt und kann Hugos Verhalten nicht nachvollziehen. Sie hatte die Situation mit den Kollegen völlig anders erlebt. Hugo ist für sie kein Lückenfüller! Doch jetzt bleibt ihr nichts anderes übrig, als sich zurückzuziehen. Was Hugo in seiner Meinung bestätigt.

Wie kommt es, dass Hugo bei diesem Thema so verletzlich ist?

Hugo war Einzelkind, ein Unfall, wie ihm die Eltern später manchmal unter die Nase rieben. Als ob er für sein eigenes Dasein verantwortlich wäre! Eine Abtreibung war lange ein Thema, doch sie entschieden sich letztendlich dagegen. »Vielleicht funktioniert es ja dann mit der Partnerschaft«, so hofften die Eltern. Selbstverständlich ging das schief. Kein Kind kann Paarprobleme auffangen oder lösen. Seine Mutter war ein »alter Hippie« und machte sich bald aus dem Staub: Sie hatte ihre Jugendliebe wieder getroffen. Der Vater blieb mit dem kleinen Hugo alleine und konnte die Trennung von der Liebe seines Lebens nie verkraften. Daher ging er bis zu seinem Lebensende keine weitere Partnerschaft mehr ein. Neben diesem emotionalen Schmerz war er mit der

Situation als alleinerziehender Vater überfordert. Anfangs war Hugos Mutter immer wieder da und versuchte, eine Bindung zu ihm aufzubauen. Doch als sie von ihrem neuen Partner schwanger wurde, änderte sich das Bild: Hugo stand nun in Konkurrenz zu seinem Halbbruder Moritz. Die Mutter gab sich zwar Mühe, ihrem ersten Sohn ebenfalls Zeit und Liebe zu schenken, doch so richtig präsent war sie nie. Moritz stand meist im Mittelpunkt. Das spürte auch Hugo. Er versuchte alles, damit seine Mutter ihn sieht, ihn wahrnimmt, sich für ihn interessiert und stolz auf ihn ist. Doch leider half das alles nicht.

Der Grundstein für Hugos späteres Leben wurde vermutlich mit diesen prägenden Erfahrungen gelegt: Er hat erfahren oder zumindest gespürt, dass andere wertvoller und wichtiger sind, dass er weniger von Bedeutung ist. Diese alte Wunde wird von seiner aktuellen Partnerin berührt ebenso wie von den Partnerinnen zuvor.

Soweit die Einblicke in die Leben von Hugo und Peter.

Warum Verletzungen auch nach Jahren noch einen Einfluss auf das eigene Leben haben

Häufig nenne ich meinen Klienten folgenden Vergleich: Stell dir vor, du hast einen Fahrradunfall und eine größere Fleischwunde am rechten Unterschenkel. Sobald jemand sanft diese Stelle berührt, zuckst du zusammen und wirst den anderen wahrscheinlich instinktiv wegstoßen. Wenn sich eine Kruste bildet, tut eine Berührung schon weniger weh. Und wenn nur noch eine Narbe sichtbar ist, spürst du kaum noch Schmerzen. Wahrscheinlich ist die Stelle an und um die Narbe empfindlicher als die gleiche Stelle am anderen Unterschenkel. Mit seelischen Wunden ist es in meinen Augen ähnlich. Somit gilt für diese Verletzungen:

- Manche Verletzungen heilt die Zeit.

- Manche werden durch neue positive Erfahrungen geheilt.

- Manche heilen erst, wenn wir uns ihnen bewusst zuwenden.

Im letzten Fall können andere Personen oder Umstände einen dort wirkungsvoll »treffen«. Der alte Knopf wird gedrückt und es schmerzt. Solange uns nicht bewusst ist, dass wir genau an dieser Stelle eine nicht verheilte Wunde mit uns tragen, vermuten wir die Ursache bei anderen Menschen. Wir suchen bei ihnen die Lösung. Doch der andere Mensch berührt »nur« eine alte Wunde, er ist demnach ein Auslöser und kein Verursacher. Schauen wir nochmals auf die Geschichte von Peter, dem Mann mit der Ordnungsliebe:

Peter sieht die Ursache für sein Unwohlsein im Außen: Bei Helena und dem von ihr verursachten »Saustall«. Wenn dieser weg wäre, ginge es ihm wieder gut, so seine Schlussfolgerung. Doch die Ursache für seine ausgeprägte Sauberkeitsliebe wird er in seiner Biografie finden und damit auch einen Großteil der Lösung: bei sich selbst und dem Hinwenden zu seiner Vergangenheit.

Es ist hilfreich, die kindlichen und erwachsenen Bedürfnisse unterscheiden zu können. Solange die kindlichen Bedürfnisse die Führung übernehmen, haben wir meist keine andere Wahl, als automatisch zu reagieren. Das kindliche Bedürfnis zeigt sich genau an den Stellen, an denen wir als Kind einen Mangel oder zu viel Negatives erlebt haben. Dieser Mangel ist im Erwachsenenalter noch da und wir versuchen häufig, ihn durch andere Menschen zu beheben oder zu heilen. Das wird jedoch nicht funktionieren! Vielmehr sind wir aufgefordert, uns selbst mit dem Mangel zu befassen. Besonders, wenn wir uns eine nachhaltige Veränderung wünschen, bleibt uns kein anderer Weg.

Die erwachsenen Bedürfnisse hingegen können auch durch andere Menschen oder Gegebenheiten befriedigt werden. Beispielsweise kann es ein erwachsenes Bedürfnis sein, mit dem Partner Zeit zu verbringen, Nähe zu erleben oder eine offene und ehrliche Kommunikationskultur zu pflegen.

Warum (und in welchen Bereichen) wir häufig die gleichen Verletzungen erneut erleben

Bei meiner Arbeit habe ich die Erfahrung gemacht, dass jeder erwachsene Mensch mit seinen alten Verletzungen wieder in Berührung kommt. Häufig ohne zu wissen oder zu erkennen, was das mit der eigenen Lebensgeschichte zu tun hat. In den Berichten von Natalie, Peter und Hugo habe ich dies beispielhaft aufgezeigt. So erlebe ich täglich in meiner Praxis, dass wir uns unbewusst zielgerichtet in jemanden verlieben, der uns an

unsere unverarbeiteten Ursprungsverletzungen führt;
wir die jeweiligen Menschen demnach anziehen und
diese uns. Viele Menschen fragen sich dann: Warum?
Warum schon wieder eine notorische Fremdgängerin?
Warum immer ein Mann, der klammert? Warum
verliebe ich mich jedes Mal in eine Frau, die unerreichbar ist, verheiratet ist oder in Ecuador lebt? Irgendwie
scheint sich die Seele, das Unterbewusstsein oder das
Schicksal bestimmte Situationen im Leben zu suchen,
die uns an diese Ursprungsverletzungen bringen.
Warum ist das so? Ich sehe vor allem zwei Gründe als
Antwort auf diese Frage:

- Die vertraute Heimat: Das, was wir kennen, zieht
  uns meistens an – oder wir ziehen es an. Es ist
  Heimat, es ist vertraut, es gibt Sicherheit und Schutz.
  Auf den ersten Blick klingt das vielleicht paradox:
  Warum sollte ich mich in einer Partnerschaft wieder
  in ein ähnliches Feld begeben, das schon als Kind
  nicht gut für mich war? Warum sollte ich mir
  wünschen, dass ich dauernd gleiche oder ähnliche
  Verletzungen erfahre? Eben weil es eine vertraute
  Situation ist und wir uns darin auskennen.

- Die verborgene Sehnsucht: Als zweiten Aspekt
  vermute ich die Sehnsucht unserer Seele, die alten
  Wunden zu heilen, um dadurch unser wahres Selbst
  zu entdecken und zu werden, wer wir tatsächlich
  sind. Voraussetzung dafür ist, etwas Unangenehmes,
  Schmerzendes zu spüren – sonst gäbe es ja keinen
  Grund und keine Motivation, sich mit diesen
  Wunden auseinanderzusetzen. Wenn wir sie wieder
  spüren, werden sie uns bewusst. Häufig erkennen wir

die Hinweise des Lebens nicht und finden Verhaltensweisen, den Schmerzen auszuweichen. Ob durch Ablenkung, Süchte (Alkohol, Smartphone, TV, Zigaretten ...), Unterdrückung der Gefühle oder die Beendigung einer Partnerschaft. Meist beginnt es mit kleinen Botschaften im Leben. Wenn wir diese wahrnehmen, ernst nehmen und die dahinterliegende Bedeutung verstehen und umsetzen, dann braucht das Leben keine Wiederholung. Doch wenn wir – und das machen wir häufig – die unbeliebte Botschaft nicht hören oder nicht hören möchten, dann benötigt das Leben einen größeren Schmerz. Somit passieren häufig Wiederholungen, bis wir bereit sind, uns diesen Themen zuzuwenden. Der Schmerz möchte folglich etwas Gutes: Uns deutlich machen, dass wir noch eine Aufgabe zu lösen haben, uns noch entwickeln dürfen.

Diese meist ungewollte Konfrontation mit alten Schmerzen kann im Alltag geschehen, beispielsweise durch einen Konflikt mit Kollegen, eine nervenaufreibende Auseinandersetzung mit der Krankenkasse oder eine durch Geschwister ausgelöste Enttäuschung. Am häufigsten und leichtesten kommen wir an diese Themen jedoch in Partnerschaften. Warum ist das so? Wir sind für gewöhnlich keinem anderen Menschen so nah wie einem (potenziellen) Partner. Diese Nähe kann einerseits Vertrauen, Verbundenheit und Liebe bedeuten – die angenehme Seite der Gefühlswelt. Andererseits warten die unangenehmen Gefühle gleich um die Ecke, wie zum Beispiel Enttäuschung, Kummer oder Ablehnung. In der Partnerschaft gelingt die Flucht vor dieser

Schattenseite nicht so leicht wie bei Kollegen oder Freunden. Und es wird einem nicht auf Dauer gelingen, sich vor seinem Partner zu verstellen oder zu verbiegen. Wir zeigen vor dem Partner meist die umfassendste und ehrlichste Bandbreite unserer Charaktereigenschaften, ob Fähigkeiten oder Eigenarten. Als weiterer Aspekt sehe ich die bewussten oder unbewussten Erwartungen an unseren Partner: Der Partner hat mich ja freiwillig gewählt, also ist es auch seine Aufgabe, für mich da zu sein, mich zu lieben. Häufig nach dem Motto »Die Welt schuldet mir was« oder »Was ich früher nicht bekommen habe, das sollst du mir jetzt geben!« Das läuft meist auf einer unbewussten Ebene ab.

Schon gewusst? Zum Risiko von Enttäuschungen

Einige grundlegende Gedanken zum Thema Enttäuschungen: Wenn ich mich für etwas entscheide, dann kenne ich manche Dinge, die mich erwarten. Und andere kann ich nur erahnen oder mir wünschen. Zum Beispiel in einer beginnenden Partnerschaft: Ich kenne beispielsweise Folgendes von meiner Partnerin: Sie ist 1,75 groß, hat blonde Haare, verbringt ihren Urlaub am liebsten in Sri Lanka, plant gerne alles und geht jeden Donnerstag zum Tangotanzen.

Für das, was ich noch nicht kenne, muss ich eine Vorstellung platzieren, damit es für mich attraktiv bleibt und ich mich auf die Partnerschaft einlasse. Somit habe ich möglicherweise die Vorstellung, dass sie treu ist, dass sie sich immer für mich interessieren wird und dass sie eine gute Mutter sein wird. Ich habe die Hoffnung und den Wunsch, dass es so kommt. Die

---

Sicherheit habe ich zu dem Zeitpunkt jedoch nicht. Wenn es in der Realität dann anders kommt als in meiner Vorstellung oder Hoffnung, dann enttäusche ich mich. Nicht der andere enttäuscht mich. Meine eigene Täuschung, dass meine Vorstellung so eintreten werde, wurde aufgehoben. Daher auch das Wort Ent-Täuschung. Die Verantwortung für das Risiko der Enttäuschung liegt stets bei dem, der vertraut. Möglicherweise haben wir uns unbewusst genau diese Enttäuschung ausgesucht, damit wir daran wachsen können, oder um zu lernen, anders mit Erwartungen umzugehen. Erwartungen und Enttäuschungen hängen unmittelbar zusammen, das eine gibt es nicht ohne das andere. Wenn wir von etwas enttäuscht sind, müssen wir vorher etwas erwartet haben. Das heißt: Je starrer und exakter deine Erwartungen an Menschen, Situationen oder dich selbst sind, desto häufiger wirst du dich enttäuschen. Je offener und freier du allem in deinem Leben entgegentrittst, desto seltener wirst du dich enttäuschen.

Warum der aktuelle Partner (fast immer) der beste ist, den du haben kannst

Wenn wir verstanden und erkannt haben, dass viele Verletzungen in Partnerschaften »nur« eine Kopie der Ursprungsverletzung sind, dann verändert sich der Blick auf mögliche Trennungsabsichten. Sobald die Lösung der Themen in unserem Verantwortungsbereich liegt, erkennen wir, dass wir auch bei einem anderen Partner mit den gleichen oder ähnlichen Themen und

Konflikten konfrontiert werden würden – zumindest nach der Verliebtheits- und Kennenlernphase. Es ist ja unsere Verletzung, wir nehmen sie bei einer Trennung einfach in die nächste Partnerschaft mit. Wenn wir diese Perspektive einnehmen, ist der aktuelle Partner der beste, den wir haben können. Er ist unser Lehrer und macht uns ein großes Geschenk! Denn: Mein Partner bringt mich an einen alten Schmerz und erinnert mich über sein (meist unbewusstes) Verhalten und seine Art daran, dass dieser Schmerz sich noch Heilung wünscht. Umgekehrt gilt das selbstverständlich ebenfalls: Auch dein Partner hat seine Lebensgeschichte und Trigger-punkte – und wird sich selbst nicht immer von seiner Schokoladenseite zeigen. Somit wirst du ihm ebenfalls ein Lehrer sein, jemand, der in ihm etwas auslöst.

Wenn du diese Auffassungen teilst, kann sich auch der Blickwinkel auf die Frage »Soll ich mich von meinem Partner trennen?« ändern. Statt Frustrationen oder Verletzungen auszuweichen, habe ich nun die Möglich-keit, mich damit in der aktuellen Partnerschaft auseinanderzusetzen. Diese Wachstumsaufgabe in der aktuellen Partnerschaft anzugehen, lohnt sich vor allem dann, wenn sich Themen wiederholen.

Es gibt jedoch auch Fälle, bei denen eine Trennung wichtig und richtig ist. Auch daran kann man wachsen. Vielleicht liegt in der Trennung von einem destruktiven Partner genau die Wachstumsaufgabe, wie folgendes Beispiel verdeutlicht:

Für Janas Eltern war Leistung das Wichtigste. Den
Kindern, vor allem der ältesten Tochter Jana, wurde
direkt und indirekt gespiegelt: Nur wenn du was leistest,
bist du ein liebenswerter Mensch. So hat Jana stets alles
gegeben, um die Anerkennung und Bewunderung der
Eltern zu erhalten: gute Noten in der Schule, braves
Benehmen zu Hause, Unterstützung im Haushalt, Erfolg
im Sport und so weiter. Was Jana als Erwachsene immer
noch macht: Sie möchte es ihrem Mann recht machen,
perfekt sein, liebenswert sein, geliebt werden. Als Kind
und Jugendliche hat sie das ja gelernt. Seit sie in einer
Therapie dieses Muster erkannte, lebt sie Stück für Stück
authentischer und berücksichtigt ihre eigenen Bedürfnis-
se. Doch ihr Mann freut sich keineswegs darüber. Denn
auf einmal lässt sie nicht mehr alles mit sich machen ...
In einem solchen Fall kann eine Trennung hilfreich sein.
Jana ist ihre Entwicklungsaufgabe angegangen: ihre
Bedürfnisse ernst zu nehmen, Grenzen zu setzen und die
Selbstaufgabe zu beenden. Die Trennung – nachdem ihr
Mann seinen Anteil zum Gelingen der Partnerschaft
nicht einbringen konnte oder wollte – war in diesem Fall
keine Flucht vor altem Schmerz. Vielmehr war sich Jana
selbst so viel wert, diese Grenzen nun ziehen zu können.

Wann sich auch mal der Blick auf Verhaltensweisen des Partners lohnt

Hat alles, worüber ich mich bei meinem Partner aufrege
oder was er in mir auslöst, mit mir und meiner Kindheit
zu tun? In den meisten Fällen schon. Doch nicht ausschließlich. Zwei Bereiche, in denen ich das kritisch
hinterfragen würde:

- Unangebrachte Verhaltensweisen: Einerseits gibt es Verhaltensweisen des Partners, die unpassend oder nervig sind. Beispielsweise, wenn er immer mit den dreckigen Wanderschuhen auf den hellen Wohnzimmerteppich läuft. Das kann eine Parallele zu einer Ursprungsverletzung sein, muss es jedoch nicht. In diesem Fall kann man eine Lösung finden, ohne in die Lebensgeschichte blicken zu müssen.

- Traumatische oder manipulative Erlebnisse: Andererseits sind wir als Erwachsene ebenso verletzbar. Unser Partner oder bestimmte Situationen können uns derart verletzen, dass dies traumatische Folgen nach sich zieht, ohne dass eine Verbindung zur eigenen Lebensgeschichte besteht.

In beiden Fällen gilt jedoch: Wie diese Erfahrungen uns berühren, beeinflussen und prägen, kann mit den als Kind erlernten oder nicht erlernten Bewältigungsstrategien zusammenhängen. Denn nicht nur die Anzahl und Tiefe der Verletzungen prägt uns, sondern insbesondere der Umgang mit ihnen: Wie werde ich in meinem Schmerz wahrgenommen und ernst genommen, wie werde ich darin begleitet, ihn auszudrücken, wie werde ich in der Bewältigung unterstützt ...? Es geht demnach nicht nur darum, nie etwas Schlimmes zu erleben, sondern um die Ressourcen, die ich bereits habe oder entwickeln kann, um damit umzugehen. Dennoch lohnt sich auch bei den beiden oben genannten Aspekten ein Blick auf uns selbst. Vielleicht passiert uns genau diese eine Erfahrung, weil unser Unbewusstes sie anzieht. Das lässt sich jedoch nicht pauschal beantworten.

Aufgabe 3: Was deine Triggerpunkte sein könnten

Wenn wir bestimmte Situationen häufig erleben, besteht dann überhaupt die Chance auf eine Veränderung? In meinen Augen sind Veränderungen jederzeit möglich! Es gibt keine Lösung, die für alle Menschen in gleicher Art und Weise genau die richtige ist. Die Schritte, die ich hier im Buch beschreibe, sind erste Ansätze und Impulse.

Kommen wir zur dritten Aufgabe: deinen Triggerpunkten. Jetzt darfst du wieder selbst aktiv werden. Erinnere dich noch einmal an die Briefe, die du an deine Eltern geschrieben hast, mit den Wünschen beziehungsweise Vorwürfen und der Dankbarkeit. Und denke auch noch mal an die Vorwürfe, die du an die Partner in deinem Leben hattest. Mit diesen Aspekten wird es dir leichterfallen, die Triggerpunkte in deinem Leben zu identifizieren. Folgende Fragen sollen dir dabei helfen:

- Wann reagierst du deutlich emotional? Mit Ärger, Wut, Kummer, Trauer, Frustration oder Hass?

- Wann verschließt du deine Seele, ziehst dich zurück oder rennst weg?

- Wann bekommst du Ängste?

- Wann gehst du an die Decke und würdest dein Gegenüber am liebsten anschreien oder schütteln?

Nimm dir Zeit, über diese Aspekte nachzudenken und sie gegebenenfalls aufzuschreiben.

Notizen und Gedanken...

Hast du Triggerpunkte finden können? Magst du diese Knöpfe, regst du dich über sie auf oder schämst du dich ihretwegen? Und würdest du deinem Partner oder Freunden von ihnen erzählen?

Veränderungsimpulse: Wie Veränderung in deinem Leben möglich sein kann

Damit andere Menschen bei Berührung dieser Knöpfe uns nicht mehr so leicht verletzen können, müssen wir selbst aktiv werden. Im Folgenden findest du vier Punkte, die dir helfen können, in diesen Veränderungsprozess zu gelangen. Diese Reihenfolge (Wissen und Bewusstheit, Verantwortungsübernahme, Übung und Heilung) wirst du bei den Veränderungsimpulsen in den weiteren Kapiteln in gleicher Art und Weise vorfinden.

1) Wissen und Bewusstheit

Ja, das Wissen ist der erste Schritt: Die Erkenntnis auf theoretischer Ebene, dass es meist eine Kopie der Ursprungsverletzung ist, die uns schmerzt. Besonders an den Stellen, an denen wir in jungen Jahren verletzt wurden, werden wir als Erwachsene (über)empfindlich reagieren. Unsere persönlichen Triggerpunkte und den Bezug zu unserer Lebensgeschichte zu identifizieren, kann dauern. Zudem kann es schwer sein, diese Mechanismen ohne eine neutrale andere Person zu erkennen und die richtigen Schlüsse daraus zu ziehen. Verlange daher nicht von dir selbst, das alles sofort zu sehen.

Sobald du deine Triggerpunkte als Verletzungsfolgen erkannt hast, ist schon viel gewonnen. Dann wird es dir leichterfallen, zwischen rücksichtslosem Verhalten deines Partners und leicht zu berührenden Triggerpunkten bei dir zu unterscheiden. Einige Gedanken zur Unterscheidung findest du im Kapitel 4 über Gefühle.

2) Verantwortungsübernahme

Damit sind wir beim zweiten Schritt, der Übernahme der Verantwortung: Du suchst die Lösung in dir statt bei jemand anderem. Das anzunehmen und sich einzugestehen, dass es mit einem selbst zu tun hat, ist nicht immer leicht; es braucht Ehrlichkeit und Mut. Denn somit ist man ja selbst verantwortlich und nicht der »blöde« Partner. Dieser Prozess braucht Zeit und ...

3) Übung

Nun geht es ans Üben. Das ist jeden Tag in unzähligen Situationen möglich und eine stufenweise Entwicklung. Es kann anstrengend und mühsam sein – oder spannend und positiv-verändernd. Übe dich in deiner Selbst-Wahrnehmung, Schritt für Schritt:

- Langfristig rückwirkend: Anfangs wirst du vielleicht abends deinen Tag reflektieren und erkennen, wie du in bestimmten Situationen reagiert hast, wem du die Verantwortung für deine Empfindungen gegeben hast. Du kannst also rückwirkend deine Bewertung verändern: Anstatt dich innerlich oder äußerlich über deinen Partner zu beschweren, kannst du dich selbst wahrnehmen, deine Triggerpunkte identifizieren, anschließend die Verbindung zu deiner Biografie herstellen und in Selbstverantwortung dafür kommen.

- Kurzfristig rückwirkend: Je mehr du dir über deine Selbstverantwortung bewusst bist und das übst, desto mehr verkürzt sich der Zeitpunkt zwischen der auslösenden Situation und dem Moment, in dem du dich selbst reflektierst. Du kannst dich und was in dir geschieht demnach immer schneller selbst wahrnehmen.

- Im Hier und Jetzt: Irgendwann erlebst du die folgende Situation: Etwas Negatives passiert in deinem Leben, zum Beispiel hält dein Partner ein Versprechen nicht ein. Bisher hast du auf solche Dinge ärgerlich und enttäuscht reagiert. Doch nun wird dir bewusst, dass du alternative Reaktionsmöglichkeiten hast und den Pausenknopf drücken kannst. Anstatt automatisch verärgert zu sein, entdeckst du die Freiheit, anders reagieren zu können als bisher. Nach dem Motto: »*Du selbst entscheidest, nicht deine Geschichte.*« Als ich das selbst mehr und mehr geübt habe, musste ich in diesen Momenten häufig über mich schmunzeln, weil ich früher darin gefangen war, zum Beispiel eben nur frustriert reagieren zu können.

Was dich hierbei unterstützen kann:

- <u>Pausetaste</u>: Halte vor deiner Reaktion inne und atme fünfmal tief ein und aus. Durchbreche damit deine automatische Reaktion.

- <u>Gefühle fühlen</u>: Nimm dir Zeit, dich selbst zu spüren; deinen Körper und deine Gefühle wahrzunehmen. Welche Gefühle sind in diesem Moment präsent und in welchem Bereich deines Körpers nimmst du sie wahr?

- <u>Bedürfnis erkennen</u>: Frage dich, was dein wahres Bedürfnis in diesem Augenblick ist.

- <u>Geduldig sein</u>: Setze dich nicht unter Druck, dass dir gleich eine andere Reaktion gelingen muss. Sehe das Ganze es als etwas an, das viel Übung und Zeit benötigt. Sei vielmehr stolz darauf, was du bereits erkannt und verändert hast.

- <u>Erfahrung teilen</u>: Wenn du das üben möchtest, lass es deinen Partner wissen. Sonst wird er sich wahrscheinlich wundern, warum du dich in manchen Situationen auf einmal anders verhältst.

4) Heilung

Manche Wunden verändern sich mit der Zeit, andere mit Übung und den sich daraus ergebenen neuen und positiven Erfahrungen. Manchmal reicht das jedoch nicht und man kommt, auf sich selbst gestellt, an Grenzen: Je nach Thema und Tiefe der Ursprungsverletzung kann externe Unterstützung – wie eine Therapie oder bestimmte Seminare – hilfreich sein. Mit psychischen Veränderungen ist es manchmal wie beim Kitzeln: Das kann man auch nicht selbst machen.

Zum Nachdenken und Reflektieren: Was ist das Wesentliche aus diesem Kapitel?

Wenn ich dieses Kapitel zusammenfassen müsste, würde ich Folgendes sagen: Andere Menschen und insbesondere der Partner können uns vor allem an den Stellen berühren und verletzen, an denen wir bereits in jungen Jahren Verletzungen erlebt haben. Diese Verbindung zu unserer Lebensgeschichte zu verstehen, ist der erste Schritt, die Lösung in uns zu finden.

Was nimmst du mit aus diesem Kapitel? Ist es ein bestimmter Gedanke, Impuls, eine Erinnerung oder eine Erkenntnis? Möchtest du darüber mit deinem Partner oder Freunden sprechen? Gibt es etwas, was du dir vornimmst?

Exkurs: Wer bin ich? Oder: Wie wäre ich, wenn ich nicht verletzt worden wäre?

Du kommst auf die Welt; das bedeutet Schmerzen für dich und deine Mutter. Von wo du auch herkommst, es fängt etwas vollkommen Neues an: das Leben, dein Leben. Babys erfassen weitaus mehr als wir vermeintlich intelligenten Erwachsenen. Wer wirst du werden? Du selbst? Doch wer ist das? Wirst du extrovertiert oder introvertiert? Lebst du mit viel Mitgefühl und Liebe oder mit Groll und Hass? Bist du anderen Menschen sympathisch oder nicht? Wirst du viel Nähe in Partnerschaften bevorzugen oder eher Freiheit oder Distanz? Ist das bereits entschieden, wenn du auf die Welt kommst?

Über Natalie und deren Verlustängste hast du in diesem und dem vorherigen Kapitel bereits gelesen. Manche Menschen würden sagen, dass sie ein schweres Schicksal hat. Insbesondere mit ihrem Vater. Jedoch auch mit ihrer Mutter, da diese die Einsamkeit und den Schmerz der kleinen Natalie nicht gesehen hat. Sie hatte also zwei Elternteile, die ihr nicht die Aufmerksamkeit, Annahme und Liebe gegeben haben, die gut für sie gewesen wären. Diese seelischen Schmerzen haben zu den beschriebenen Auswirkungen in ihrer Partnerschaft geführt – insbesondere der Verlustangst.

Das ist eine Lebensgeschichte, die Natalie zu der Natalie gemacht hat, die sie heute ist. Ihr täglicher Beziehungsunterricht mit ihren Eltern und anderen nahen Menschen hatte daran einen bedeutenden Anteil. Stell dir vor, Natalie wäre nicht mit diesen Eltern aufgewachsen, sondern bei einer anderen Familie:

Natalie, in dieser zweiten Version, wuchs bei liebevollen Eltern auf, die sich schon lange ein Kind gewünscht hatten. Lange Zeit hatte es nicht geklappt, und als Natalie auf die Welt kam, war die Freude riesengroß! Ihre Eltern kommen aus der Mittelschicht und kennen die üblichen Herausforderungen des Familienlebens: zu wenig Zeit für all die Aufgaben, für sich und den Partner, finanzielle Einschränkungen ... Dennoch kann sich die kleine Natalie in der Familie gut entwickeln und entfalten. Sie darf so sein, wie sie ist und fühlt sich angenommen und geliebt. Sie wird jedoch nicht verwöhnt, sondern lernt Grenzen und kleine Frustrationen kennen. Diese ermöglichen es ihr, daran zu wachsen und mit den großen Frustrationen im Erwachsenenleben besser umzugehen. So entwickelt Natalie ein gesundes Urvertrauen in sich und das Leben. Als erwachsene Frau lebt sie gerne in Partnerschaften. Verlustängste sind dieser Natalie unbekannt.

Natalie – einmal in der Familie der zerstrittenen Eltern und einmal als angenommene Tochter in der anderen Familie. Das Leben dieser beiden und der damit verbundene Beziehungsunterricht könnten unterschiedlicher nicht sein. Jetzt kann man sich die Frage stellen: Welche ist denn nun die »echte« Natalie, wenn sie »nur« oder hauptsächlich aufgrund der unterschiedlichen Erfahrungen so geworden ist?

Ich stelle mir selbst diese Frage: Wie wäre ich, wer wäre ich, wenn ich in einer anderen Familie aufgewachsen wäre? Mit anderen Eltern und Geschwistern, mit anderen Erlebnissen, anderen Werten, anderen schönen und schweren Momenten. Und daraus resultierenden anderen Fähigkeiten und Wunden sowie unterschiedlichen Herausforderungen und Unzulänglichkeiten in Beziehungen und Partnerschaften. Würde ich so leben, wie ich jetzt lebe? Hätte ich die gleichen Werte und Lebenseinstellungen? Die gleichen Wünsche, Bedürfnisse, Ziele und Sehnsüchte? Fände ich den gleichen Typ Frau anziehend und attraktiv? Hätte ich den gleichen Beruf, dieselben Freunde ...?

Angenommen, dass ein entscheidender Teil meines Wesens und Charakters erst durch meine Erfahrungen geformt wurde: Wer bin ich dann wirklich? In der Psychologie existieren verschiedene Begriffe dazu, unter anderem die Unterscheidung in »wahres Selbst« und »falsches Selbst«. Anteile des falschen Selbst entwickeln sich meist aus der Not heraus: als sinnvoller und notwendiger Anpassungsmechanismus, um in der Herkunftsfamilie bestmöglich durchzukommen. Um weniger Schmerz oder Ablehnung erleben zu müssen und um gleichzeitig mehr Anerkennung oder Liebe zu erhalten. Somit ist es für ein Kind ein sinnvolles Anpassen und kein Defizit, dass sich Anteile des »falschen Selbst« entwickelt haben. Häufig automatisieren sich diese Verhaltensweisen und wir verhalten uns als Erwachsene quasi nach diesem alten »Skript«. Mit all den Konsequenzen daraus ... Wie bei Natalie ist es bei allen Menschen: Manche dürfen ihr wahres Selbst bereits früh entdecken, andere sind herausgefordert, sich als Erwachsene von Teilen des »falschen« Selbst zu lösen, sich zu entwickeln.

Das Wort ent-wickeln beschreibt das auch direkt: sich aus etwas heraus-zu-wickeln. Das erfordert Arbeit, Energie und Einsatz. Authentizität und innere Freiheit sind dabei der entscheidende Gewinn.

So können bestimmte Erfahrungen unser »falsches Selbst« fördern, doch das ist nur die eine Konsequenz. Denn andererseits können diese Erfahrungen zu unglaublichen Ressourcen und Fähigkeiten führen. Gerade aufgrund herausfordernder Erlebnisse entwickeln wir wertvolle Charaktereigenschaften und besondere Fähigkeiten, die unser Leben bereichern! Weitere Gedanken dazu findest du im Kapitel »*Jedes Verhalten ergibt Sinn*«.

Zum Nachdenken und Reflektieren: Wer bin ich?

Dieser kleine Exkurs dient als Anregung zur Frage »Wer bin ich?«. Nur du wirst die Antwort darauf finden können! Wenn du dir darüber ein paar Gedanken machen möchtest: Hast du eine Idee, was deine »wahren« Anteile sind? Bist du mit deinen inneren Anteilen zufrieden, fühlst du dich authentisch? Oder gibt es welche, die dein Verhalten immer wieder in eine Richtung beeinflussen, in die du gar nicht möchtest? Waren diese Anteile früher einmal wichtig und sinnvoll? Ist es dir schon einmal (im Kleinen) gelungen, dich aus diesen alten Anteilen heraus zu ent-wickeln und wie hast du das gemacht? Kannst du diese Entwicklungsstrategie häufiger anwenden?

3) Boah, die anderen nerven

Dieses Kapitel knüpft thematisch an das vorherige an. Anstatt jedoch ausschließlich auf die Partnerschaft zu blicken, wenden wir uns allen anderen sozialen Kontakte in deinem Leben zu. Wenn man persönlich wachsen und reifen möchte, ist es hilfreich, mit möglichst vielen Facetten der menschlichen Charakterzüge konfrontiert zu werden: mit solchen, die wir schätzen, und mit solchen, die wir nicht mögen. Der Partner deckt natürlich nicht alle diese Eigenschaften ab. Daher sind Beziehungen und Kontakte zu anderen Menschen wichtig; zu Freunden, Bekannten, Verwandten, Kollegen, dem Verkäufer im Supermarkt, dem Busfahrer ... Durch soziale Kontakte mit anderen Menschen werden wir zwangsläufig auch auf Verhaltensweisen stoßen, die wir nicht ausstehen können. Was hat es folglich mit uns zu tun, wenn wir Verhaltensweisen von anderen Menschen nicht mögen, völlig unabhängig von der Art und Intensität der zwischenmenschlichen Beziehung?

Zum Nachdenken und Reflektieren: Das geht mir auf die ...

Machen wir dazu ein kleines Gedankenexperiment – oder schreibe die Punkte auf: Welche Charakterzüge, Verhaltensweisen oder Eigenschaften magst du nicht bei anderen Menschen? Das können ähnliche Themen sein, wie du sie in Aufgabe 2 in Bezug auf deinen Partner beschrieben hast, oder auch andere. Kannst du es beispielsweise nicht leiden, wenn Menschen extrovertierte und »narzisstische« Züge aufweisen, leise und schüchtern, selbstbewusst und arrogant oder verschwenderisch sind? Wie jeder Mensch wirst du sicherlich bestimmte Eigenschaften deiner Mitmenschen nicht mögen.

Was ungeliebte und ungelebte Anteile sind

Bernd mag keine Menschen, die jammern oder sich über alles beklagen. »Die typischen Opfer«, so nennt er sie. Der Kollege, der sich jeden Tag über den Chef beschwert, aber nichts für eine Verbesserung macht. Die Rentnerin, die über lange Wartezeiten an der Kasse jammert, obwohl sie genügend Zeit hat. Oder eine Bekannte von ihm, die sich ständig über ihren Partner beschwert und dauernd in Selbstmitleid versinkt – ohne aktiv zur Veränderung beizutragen. »Unmöglich, die ganzen Jammerlappen«, denkt Bernd und kann sich tierisch über sie aufregen. Er wertet diese Menschen ab und vermeidet den Kontakt zu ihnen.

Sigrid hat ihre Schwierigkeiten mit Frauen, die ihre Weiblichkeit betonen: ob mit ihrer Meinung nach »zu weiblicher Kleidung«, mit einem offenen und selbstbewussten Auftreten in Gruppen und bei Diskussionen oder mit Augenkullern und dem »unangebrachten Verwenden und Benutzen der Weiblichkeit, um sich einen Vorteil zu verschaffen«, wie Sigrid es nennt. Das passt ihr gar nicht und sie blickt auf solche Frauen von oben herab.

Soweit zu Bernd und Sigrid und deren Art, auf Eigenschaften von anderen Personen zu reagieren. Diese Reaktionen sind mal nach außen sichtbar, mal nur im Inneren spürbar, mal intensiv, mal weniger ausgeprägt – doch selten entspannt und wertfrei. Wie Sigrid und Bernd haben wir alle bestimmte Mechanismen, um nicht mit diesen unangenehmen Themen konfrontiert zu werden. Sehen wir uns die folgenden Beispiele an:

- Kontaktvermeidung: Wir vermeiden möglichst jeden direkten Kontakt zu Menschen, deren Eigenschaften wir nicht leiden können. Bernd geht seiner Bekannten aus dem Weg, auch seinem Kollegen und allen anderen »Jammerlappen«.

- Direkte Abwertung: Wir werfen unserem Gegenüber sein »unmögliches« Verhalten vor, kritisieren ihn, möchten ihn am liebsten zu einer Verhaltensänderung bewegen. Oft können wir gar nicht nachvollziehen, warum der andere sich so verhält und dieses Verhalten auch noch in Ordnung findet. Wenn sich bestimmte Frauen in ihrer Fortbildungsgruppe betont feminin verhalten, dann platzt es manchmal aus Sigrid heraus und sie macht spitze Bemerkungen oder Vorwürfe.

- Indirekte Abwertung: Wir sprechen mit anderen Menschen schlecht über eine dritte Person, belächeln sie verächtlich oder machen uns über sie lustig.

Das sind mögliche Vermeidungsmechanismen. Du kannst dir sicher schon denken, dass jetzt wieder die Selbstverantwortung ins Spiel kommt: Die Ursache und damit ein Großteil der Lösung liegt in uns. Selbst wenn wir die besten Vermeidungsmechanismen anwenden, wird unser Unterbewusstsein doch einen Weg finden, damit wir uns mit dem Thema auseinandersetzen. Vielleicht fragst du dich jetzt: Wenn die Teilnehmerin in der Fortbildungsgruppe von Sigrid ihre Weiblichkeit herausstellt oder der Kollege von Bernd jammert, was hat das dann mit den beiden selbst zu tun?

Auf den ersten Blick vielleicht wenig, auf den zweiten jedoch sehr viel. Meist stören wir uns an Verhaltensweisen und Eigenschaften von anderen Menschen, bei denen wir mit uns selbst nicht im Reinen sind – weil diese Eigenschaften einen ungeliebten oder ungelebten Anteil in uns berühren. Doch anstatt sich damit auseinanderzusetzen, liegt der einfachere und selbstwertschonendere Weg darin, diese Wesenszüge bei anderen abzulehnen oder abzuwerten. Dieser Mechanismus wird »kompensatorisches Ausleben« genannt. Das lässt sich an folgenden Beispielen erklären:

- Der ungeliebte Anteil: Bernd kann keine Jammerlappen und Opfer ertragen. Er bekämpft im Außen das, was er bei sich ablehnen würde, wenn er selbst so wäre. Er mag sich vielmehr als selbstständige, fokussierte und starke Person. Folglich vermeidet er es bestmöglich, diese »schwachen« Anteile bei sich selbst zu sehen und zu fühlen. Doch wehe, im Außen zeigt jemand diese ungeliebten Verhaltensweisen. Dann erinnert ihn das an seine Nicht-Annahme dieser Eigenschaften bei sich – unbewusst.

- Der ungelebte Anteil: Ungelebte Anteile in uns sind all die Eigenschaften und Talente, die wir gerne selbst hätten, jedoch nicht ausdrücken oder leben. Wir können uns darüber bewusst sein oder nicht. Wenn wir die von uns ungelebten Anteile bei jemand anderem sehen, lehnen wir sie häufig ab. Um nicht im Spiegel entdecken zu müssen, dass wir unser Talent verschwenden oder bestimmte Eigenschaften unterdrücken. Sigrid reagiert auf Frauen, die ihre Weiblichkeit zeigen. In Sigrids Lebensgeschichte war es wichtig, ihre femininen Anteile zu verstecken, was sie bis heute fortsetzt. Dieser Mechanismus gilt nicht für ungelebte Eigenschaften, mit denen wir selbst im Reinen sind. Wenn ich beispielsweise gerne Gitarre spielen würde, dies aber nicht tue und das für mich völlig in Ordnung ist, dann lehne ich andere Gitarrenspieler nicht ab.

Für gewöhnlich stehen hinter diesem Verhalten nachvollziehbare Ursachen und Gründe, meist bedingt durch die eigene Lebensgeschichte. Mehr dazu im Kapitel »*Jedes Verhalten ergibt Sinn*«.

Zwei weitere Gedanken zu diesem Thema: Kurt Tepperwein, Lebensberater und Autor, beschreibt es wie folgt: »*Wenn mich etwas ärgert, kränkt, beleidigt oder verletzt, dann nicht wegen des Verhaltens der anderen; das ist nur der Auslöser. Die Ursache liegt in mir, weil etwas von dem Verhalten des anderen – noch – in mir ist und durch sein Verhalten nur in Resonanz versetzt wird. Es ist daher nicht sinnvoll, mich über sein Verhalten zu ärgern. Sehr viel sinnvoller ist es, diese Eigenschaft in mir aufzulösen, damit sie bei nächster Gelegenheit nicht wieder in Resonanz versetzt werden kann. Gelingt das, bin ich frei von ihr.*« Auch Johann Wolfgang von Goethe sagte dazu etwas: »*Wir erschrecken über unsere eigenen Sünden, wenn wir sie an anderen erblicken.*«

Dieses Konzept hat zwei Seiten: Du musst nicht mehr darauf hoffen, dass sich andere Menschen von sich aus verändern und keine Energie mehr aufwenden, um dem anderen möglichst selten zu begegnen oder ihn zu verändern. Das gilt selbstverständlich auch andersherum: Wenn andere an dir etwas auszusetzen haben, ob Partner, Kollegen, Eltern oder Freunde, dann haben die Kritik, die Vorwürfe oder Veränderungsaufträge weitaus mehr mit deinem Gegenüber zu tun als mit dir. Das kann dir selbst Ruhe und Entspannung bringen – und die Annahme deines Selbst.

»*Wieland, du bist übrigens blöd ...*«

Von Freunden und meiner Familie, die das Manuskript dieses Buches gelesen haben, habe ich wertvolle Rückmeldungen und Anregungen erhalten. Spannenderweise gab es zu diesem Kapitel die meisten Verständnisfragen, im Folgenden zwei davon:

Die Fragen von Uli: »*Mich nervt es, wenn Menschen sich alles gefallen lassen, nie ihre Meinung und zu allem Ja und Amen sagen. Da ich selbst aber überhaupt nicht so bin, sondern selbstbewusst, stört es mich ja gerade deshalb an anderen Menschen und so möchte ich auch nicht sein!?*«
Geantwortet habe ich sinngemäß Folgendes: »*Stell Dir vor, du würdest selbst zu allem Ja und Amen sagen und dir alles gefallen lassen, wie würdest du dich mit diesen*

Charakterzügen mögen? Dürftest du (auch mal) so sein, ohne dich schlecht zu fühlen oder musst du selbstbewusst sein, damit du dich annehmen kannst? Es geht nicht darum, die ungeliebte Eigenschaft des anderen zu übernehmen. Vielmehr darum, inwieweit du frei bist, auch mal so zu sein, dir das zu erlauben, ohne dich unwohl zu fühlen«

Die zweite Konversation, mit Corinna, brachte noch eine andere Perspektive zum Vorschein: »Ich habe dazu eine Frage an dich, Wieland«, sagte Corinna, »ich hasse es, wenn mich Menschen anlügen oder betrügen. Soll ich dann – nach den Gedanken in diesem Kapitel – ab sofort auch lügen und betrügen? Wenn ich mich so verhalten würde ... Ja, diese Anteile würde ich bei mir ablehnen. Wie meinst du das?«

Meine Antwort lautete etwa folgendermaßen: »Wie würdest du dich annehmen, wenn du auch mal lügen oder betrügen würdest? Wärst du in deinen Augen dann noch ein wertvoller Mensch? Alleine sich das gedanklich vorzustellen, reicht oft, um zu sehen, wie man sich selbst mit diesem Verhalten annehmen würde.«

Nach einer Weile kam die Antwort von Corinna: »Du bist übrigens blöd ... weil du recht hast. Okay, ich hab auch schon gelogen, mal schlimmer, mal weniger schlimm. Aber nie so, wie es mit mir gemacht wurde. Ja, ich mag mich auch, wenn ich mal lüge und damit setze ich die Lügner, die ich bisher verurteilt habe, in ein anderes Licht. Also haben sie wahrscheinlich ebenfalls liebenswerte Eigenschaften und ich kann sie nicht einfach als Lügner reduzieren! Ich kann die Menschen, die ich bisher doof fand, jetzt nicht mehr so doof finden ...«

Wann die Lösung auch mal beim anderen liegen kann

Wie beschrieben, geht es in diesem Buch darum, die Lösung bei uns selbst zu suchen und weniger um unser Gegenüber. Manchmal hilft jedoch eine Differenzierung und Abgrenzung, wenn sich andere Menschen unangebracht, unfair oder unmöglich verhalten: Zum einen kann ich meinen Anteil daran überprüfen, indem ich das Ungeliebte und Ungelebte bei mir reflektiere. Zum anderen kann ich mich in Gelassenheit und Ruhe üben. Die Person mit dem unverschämten Auftreten kann selbstverständlich das größere »Problem« haben. Daran können wir jedoch für gewöhnlich wenig ändern.

In einer Ausbildung thematisierten wir diese Frage ebenfalls. Ein Teilnehmer fragte damals: »Wenn sich alle Menschen in einem Raum an dem selbstverliebten Verhalten einer Person stören, dann hat es doch nichts mit uns zu tun, weil wir ja alle ähnlich darauf reagieren ...?« Der Ausbildungsleiter antwortete sinngemäß: »Ja, dann habt ihr wohl alle Schwierigkeiten damit, euch und eure Fähigkeiten zu lieben und diese anderen zu zeigen.« So soll vielleicht auch ein eindeutig unangebrachtes Verhalten anderer und unsere Reaktion darauf uns etwas über uns selbst sagen. Was meinst du?

Zum Nachdenken und Reflektieren: Was ist dein Ungelebtes und Ungeliebtes?

Jetzt geht es wieder um dich: Zu Beginn des Kapitels hast du dir bereits Gedanken dazu gemacht, welche

Verhaltensweisen und Charaktereigenschaften du bei anderen Menschen nicht magst. Sind dir beim Lesen noch andere eingefallen und gibt es welche, die dir schon lange oder immer wieder begegnen?

Die Aspekte, die du für dich gefunden hast, werden wohl einige deiner ungelebten oder ungeliebten Anteile sein. Folgende Fragen können dir möglicherweise darüber hinaus helfen, den Bezug zu dir zu finden. Für das Ungeliebte: Wenn ich mich selbst entsprechend verhalten würde, würde ich mich annehmen oder ablehnen? Erlaube ich mir, so zu sein? Und für das Ungelebte: Würde ich gerne auch so sein, würde ich das gerne können, machen oder besitzen? Würde ich mich trauen, so zu leben, so zu sein?

Veränderungsimpulse: Wie Veränderung in deinem Leben möglich sein kann

Wenn du dir eine Veränderung deiner Reaktionen auf bestimmte Verhaltensweisen von anderen Menschen wünschst, findest du folgende Aspekte, die dich dabei unterstützen können:

1) Wissen und Bewusstheit

Das Wissen dient an dieser Stelle als Grundlage: zu wissen, dass wir bestimmte Anteile bei anderen abwerten und bekämpfen, sozusagen als Ablenkungsmanöver unserer ungelebten und ungeliebten Anteile.

2) Verantwortungsübernahme

Den eigenen Themen ins Auge zu blicken, ist nicht immer ein Zuckerschlecken. Manches möchte man vielleicht nicht sehen und es kann wehtun. Indem man die Verantwortung dafür übernimmt, kann sich etwas ändern: Man investiert seine Energie nicht mehr in das Abwerten und Bekämpfen anderer Eigenschaften oder Personen, sondern kann sich von seinen Prägungen befreien. Durch Übung oder Heilung ... Wenn es uns gelingt, uns von bestimmten Prägungen zu befreien, kann dies zu einer tiefen Zufriedenheit führen!

3) Übung

Nun geht es ans Üben, vorausgesetzt du kennst deine ungelebten und ungeliebten Eigenschaften und Anteile. Dich regt eine andere Person auf? Wenn es dir gelingt, in diesem Moment an diese Theorie zu denken, dann ändert sich bereits etwas. Oder du reflektierst im Nachhinein und übernimmst dann die Verantwortung für dein Unwohlsein. Damit wirst du deinem Partner oder einer anderen Person anders gegenübertreten. Denn andere Menschen sind dann ein Lehrmeister, ein Spiegel für dich, der dir einen möglichen Entwicklungsschritt aufzeigt. Und nicht mehr »der blöde Partner« oder »die dumme andere Person«. Du kannst damit aufhören, den anderen verändern zu wollen, und stattdessen anfangen, dich und deine Reaktion zu verändern. Je mehr du dich selbst wahrnimmst und übst, desto weniger Menschen und Situationen werden unangenehm für dich sein.

4) Heilung

Manchmal ist auch eine weiterführende Beschäftigung notwendig. Wie beschrieben, können Verletzungen durch Zeit und neue positive Erfahrungen heilen. Wenn hinter den ungelebten und ungeliebten Anteilen jedoch tiefe Wunden liegen, reichen Zeit und neue Erfahrungen häufig nicht aus und wir werden erst mit intensiverer Beschäftigung zu den gewünschten Veränderungen gelangen, beispielsweise mit therapeutischer Begleitung.

Zum Nachdenken und Reflektieren: Was ist das Wesentliche aus diesem Kapitel?

Wenn ich dieses Kapitel zusammenfassen müsste, würde ich Folgendes sagen: Wenn wir Verhaltensweisen und Charakterzüge von anderen Menschen nicht mögen, hat das mit unseren ungeliebten und ungelebten Anteilen zu tun. Sobald wir lernen, nicht das Außen zu bekämpfen, sondern nach innen zu blicken, werden wir ein zufriedeneres Leben führen.

Was nimmst du mit aus diesem Kapitel? Ist es ein bestimmter Gedanke, Impuls, eine Erinnerung oder eine Erkenntnis? Gibt es etwas, was du dir vornimmst?

---

4) Das ärgert mich, macht mich wütend oder traurig

In diesem Abschnitt dreht sich alles um Gefühle, unter dem Aspekt der Selbstverantwortung. Das erwartet dich: Wie entstehen Gefühle in uns und wer trägt die Verantwortung dafür? Wie kann es uns gelingen, weniger negative Gefühle zu haben und diese schneller wieder gehen zu lassen? Und was können wir tun, um uns emotional weniger ausgeliefert zu fühlen, anderen Menschen gegenüber oder in bestimmten Situationen?

Manche Gedanken zur Selbstverantwortung wirst du bereits in vorherigen Kapiteln gelesen haben, hier geht es um eine Vertiefung. Hauptsächlich um alltägliche Situationen: die Wut über die Politik, den Ärger über den Stau oder, wie im folgenden Beispiel beschrieben, den Frust beim Einkaufen:

Stell dir vor, du bist in einem Supermarkt, gehst zur Kasse und möchtest bezahlen. Drei Kassen sind geöffnet. Alle mit langer Schlange. Jetzt stellt sich natürlich die entscheidende Frage: Bei welcher wirst du dich anstellen? In der Schlange mit den wenigsten Menschen? Oder in der, in der die Kunden die wenigsten Artikel haben? Oder in der Schlange, bei der der Kassierer am kompetentesten aussieht? Du entscheidest dich für eine Schlange ... Und, wie könnte es anders sein, du hast mal wieder eine der langsamsten erwischt. Denn genau jetzt muss der Kassierer wegen einer doppelt gescannten Dose

Katzenfutter auf den Stornoschlüssel der Filialleitung warten. Eine solche Situation kennt wohl jeder von uns und auch die Reaktion: Man ärgert sich oder regt sich über den Kassierer auf.

Auch in anderen Lebensbereichen passieren Dinge, die uns frustrieren, über die wir uns aufregen, bei denen wir uns ungerecht behandelt oder nicht beachtet fühlen: Die Partnerin vergisst, das wichtige Medikament aus der Apotheke mitzubringen, der Arbeitskollege macht schon wieder krank oder die Nachbarn drehen abends die Musik erneut voll auf. Es ist normal und menschlich, dass wir auf bestimmte Situationen mit Wut, Trauer, Enttäuschung oder Frustration reagieren – mal schwächer, mal stärker ausgeprägt. Doch ist das zwangsläufig so, oder gibt es andere Reaktionsmöglichkeiten?

Selbstverantwortung wird im privaten Umfeld häufig nicht gelebt. Die leichtere und oft automatische Reaktion ist, »das Außen«, also andere Menschen oder externe Umstände dafür verantwortlich zu machen, was wir fühlen, wie es uns geht. Meist läuft es ja so: Wenn wir im Außen etwas erleben, das uns nicht gefällt (zum Beispiel der Partner, der etwas vergessen hat), reagieren wir darauf (beispielsweise sind wir verärgert). Wir schlussfolgern daraus automatisch: Das Außen ist die Ursache für mein Gefühl und meinen Gemütszustand. Wenn ich also das Außen verändere, geht es mir wieder gut. Das ist die übliche Reaktion – so lernen wir es und so macht es nahezu die ganze Welt. Im Folgenden ein ausführliches Beispiel zur Verdeutlichung des Zusammenspiels von Eigenverantwortung und Gefühlen:

Julia hat heute drei Verabredungen und sie kommt zu jeder zu spät. Die erste Verabredung ist mit Katharina, einer guten Freundin. Sie treffen sich zum Frühstück im neuen Café in der Stadt. Was passiert?

- Der Auslöser: Julia kommt zehn Minuten zu spät ins Café (wieder einmal).
- Das Gefühl von Katharina: Sie ist traurig.
- Die Reaktion von Katharina: Sie zieht sich emotional in ihr Schneckenhaus zurück. Das gesamte Frühstück ist von ihrer Stimmung überschattet und so richtig taut sie an diesem Morgen nicht mehr auf.

Soweit ein kurzer Einblick in die erste Verabredung. Wie geht der Tag für Julia weiter? Mittags hat sie ein Business-Meeting mit Armin, ihrem Teamkollegen:

- Der gleiche Auslöser: Julia kommt auch zu diesem Treffen zehn Minuten zu spät.
- Das Gefühl von Armin: Er ist wütend.
- Die Reaktion von ihm: Er herrscht sie an und hält es für eine Missachtung, dass sie zu spät kommt.

Schauen wir uns die dritte Situation an: Zum Abendessen hat sich Julia mit ihrem Partner Torsten verabredet. Wie reagiert er?

- Wieder der gleiche Auslöser: Julia kommt noch einmal zu spät – darin ist sie wirklich zuverlässig.
- Das Gefühl von Torsten: Er ist und bleibt entspannt.

- *Die Reaktion von ihm: Er freut sich, kurz Zeit für sich zu haben und begegnet Julia – als sie zehn Minuten später auftaucht – ohne Verstimmung. Die beiden verbringen einen schönen Abend.*

Du siehst an der Geschichte: Es gab dreimal den gleichen Auslöser – das Zuspätkommen – und drei völlig unterschiedliche Reaktionen und Gefühle! Jetzt stellt sich die Frage: Wer »macht« die Gefühle der drei? Kann Julia die Trauer in Katharina, die Wut in Armin und die Freude in Torsten »einpflanzen«?

Das ist unmöglich! Julia macht nicht die Gefühle der drei anderen. Katharina, Armin und Torsten entscheiden selbst, zunächst unbewusst und automatisch, wie sie auf diesen Auslöser, das Zuspätkommen, reagieren. In der Konsequenz heißt das: Jeder Mensch macht seine Gefühle selbst und ist verantwortlich für das, was er fühlt. Nicht das Außen macht unsere Gefühle, sondern wir selbst. Wenn das Außen sie machen würde, müssten alle drei gleich reagieren und fühlen. Zudem ist das Gefühl ja in uns, in unserem Körper und unserer Seele. Es entsteht in uns. Folglich können wir es nur selbst »machen«.

Das Außen ist »nur« der Auslöser. Der Auslöser oder Sender legt etwas an einer imaginären Grenze ab. Eine solche Grenze liegt stets zwischen Menschen, die miteinander kommunizieren. An dieser unsichtbaren Grenze legt der Sender etwas ab, zum Beispiel eine Aussage oder Handlung:

- Etwas sagen – oder nicht

- Etwas machen – oder nicht

- Auf etwas reagieren – oder nicht

- Gefühle zeigen – oder nicht

- Gedanken aussprechen – oder nicht

In einem Seminar habe ich dieses Modell den Teilnehmern ebenfalls vorgestellt. Als Symbol für das, was wir in der Mitte (also an der Grenze) ablegen, hatte ich keinen Gegenstand dabei. Ich suchte spontan nach einem Gegenstand im Raum und der erste, der mir in die Hände kam, war eine Milchtüte. Seitdem heißt das Modell das Milchtüten-Modell. Der Sender platziert etwas (beispielsweise eine Aussage, Handlung oder Geste) in der Milchtüte und legt diese an der Grenze zwischen sich und der anderen Person ab. Was er in die Milchtüte steckt, liegt in seiner Verantwortung. Sehen wir uns dazu verschiedene Reaktionsmöglichkeiten an:

Legt der Sender etwas an der Grenze ab, was der Empfänger selbst als positiv bewertet, kann dieser unterschiedlich reagieren:

- Er kann freudig oder dankbar reagieren. Das wird ihm bei einem positiven Auslöser selbstverständlich leichter gelingen.

- Oder er könnte theoretisch auch beleidigt oder traurig reagieren, was in diesem Fall natürlich sehr unrealistisch ist.

Was der Empfänger von der Grenze aufnimmt und wie er dementsprechend reagiert, kann der Sender nicht bestimmen, diese Macht hat er nicht!

Legt der Sender etwas ab, was der Empfänger nicht mag, ist dieser ebenfalls frei in seiner Reaktion:

- Er könnte beispielsweise verletzt, traurig oder wütend reagieren.

- Oder er könnte gelassen, entspannt reagieren; selbstverständlich auch neutral.

Was der Empfänger von der Grenze aufnimmt, ist auch in diesem Fall seine – bewusste oder unbewusste – Entscheidung und Verantwortung. Der Sender kann dem Empfänger keine Gefühle und Reaktionen aufzwingen. Das erfordert viel Reflexionsfähigkeit und Schulung, besonders bei einem »negativen« Inhalt der Milchtüte. Einige Übungsimpulse findest du am Ende des Kapitels.

Unsere Reaktion auf bestimmte Situationen vollzieht sich meist in Millisekunden, völlig automatisch, und wir glauben, dass wir nichts dagegen tun können, nach dem Motto »Es passiert mit mir«. Dass wir folglich so reagieren müssen, weil der Sender etwas Schönes oder Schlechtes gesagt oder gemacht hat. In diesen Momenten fühlen wir uns nicht frei – frei zu entscheiden, wie wir reagieren möchten. Wäre es nicht schön, wenn du in solchen Situationen eine Entscheidungsfreiheit hättest? Das lässt sich üben. Voraussetzung ist: die Verantwortung für das zu übernehmen, was in dir passiert. Wenn die Verantwortung jemand anderes trägt, dann bist du ausgeliefert, ohne Einfluss darauf. Aber so ist es ja nicht! Denn das Gute ist, dass es Veränderungsmöglichkeiten gibt: Die Lösung liegt in dir.

Dieses Modell bringt häufig unsere bisherige Sicht und Wertung darüber durcheinander, wer unsere Gefühle bestimmt. Weg von der Schuldzuweisung an den lahmen Kassierer, die verspäteten U-Bahn oder die »dumme «Julia, hin zu mir selbst. Der U-Bahn ist es übrigens relativ egal, ob du sauer auf sie bist oder nicht.

Doch wir tragen nicht nur für unsere Reaktionen auf traurige oder verletzende Botschaften die Verantwortung. Wir reagieren auch auf Positives wie Komplimente, Geschenke oder Erfolge unterschiedlich: Stell dir vor, du macht mehreren Menschen das gleiche Kompliment: »Du bist hübsch!« Wie reagieren sie?

- Susi freut sich wie ein kleines Kind. Nachdem es ihr in den letzten Monaten psychisch nicht gut ging, geht das Kompliment runter wie Öl. Strahlend bedankt sie sich.

- Andreas, 15 Jahre alt, läuft rot an. Er will nicht hübsch sein. Keinesfalls. Sondern stark und männlich. Er wechselt gleich das Thema.

- Uschi wird traurig und wütend. Sie möchte nicht immer nur auf ihren Körper und ihre Rundungen reduziert werden. »Niemand interessiert sich für mein Inneres und mich als Mensch. Schon wieder geht es um mein Aussehen, ich könnte kotzen.«

Auch bei diesem Beispiel wird deutlich, dass die Reaktion bei den Empfängern unterschiedlich ausfällt, bei gleicher Botschaft des Senders.

Wenn ich von diesem Modell erzähle, ob auf Vorträgen oder in meiner Praxis, höre ich viele interessante Fragen. Im Folgenden einige Gedanken zu den vier häufigsten:

Frage 1) Gilt das Modell in allen Lebenssituationen?

In meinen Augen gilt es, wenn sich zwei erwachsene Menschen freiwillig begegnen, und das ist in unserem Land zum Glück die Regel. Es gilt nicht bei psychischer und körperlicher Misshandlung oder Folter. Ich kann niemandem einen Finger abhacken und ihm dann sagen: »*Der Schmerz ist in deinem Körper, also ist es auch deine Verantwortung, wie es dir jetzt geht.*« Bei psychischem Missbrauch ist es genauso. Zudem gilt das Modell nicht zwischen Erwachsenen und Kindern: Ich kann ein dreijähriges Kind nicht nachts alleine zu Hause lassen und wenn ich zurückkomme, dem Kind die Verantwortung für seine Ängste übergeben.

Frage 2) Trägt der Sender nicht auch eine Verantwortung?

Selbstverständlich ja! Es gibt für ein wertschätzendes Miteinander förderliche und hinderliche Verhaltensweisen und Aussagen. Der Sender sollte sich an die förderlichen halten und das für sich überprüfen, bevor er etwas in der Mitte an der Grenze ablegt. Dies wird ihm aber leider nicht immer gelingen: Mal möchte er es nicht, mal kann er es nicht, mal bewerten Sender und Empfänger die gleiche Situation unterschiedlich. Und somit liegen manchmal – zumindest aus unserer Perspektive – keine schönen Dinge an der Grenze. Als Empfänger können wir nicht beeinflussen, was da liegt, wohl aber unsere Reaktion darauf. Diese Freiheit besitzen wir! Wenn der Sender unmögliche Dinge an die Grenze legt, müssen wir das selbstverständlich nicht für immer und ewig dulden. Denn es gibt Eigenarten, die sich negativ auf die Umgebung auswirken. Wenn uns beispielsweise etwas verletzt, dann ist es hilfreich und wichtig, dies dem Gegenüber mitzuteilen. Zum Beispiel, indem wir

- unsere Bedürfnisse und Wünsche ausdrücken,

- Grenzen setzen oder

- Konsequenzen ziehen.

Es geht eben nicht darum, in eine Opferrolle zu kommen oder darin verhaftet zu bleiben. Sondern vielmehr darum, selbst die Verantwortung dafür zu übernehmen, was du fühlst. Und, falls dein Gegenüber sich unmöglich verhält, selbstverantwortlich dafür zu sorgen, dass sich die Dinge verändern. Mit dem Milchtüten-Modell geht es mir in diesem Kapitel jedoch weniger darum, auf die Seite des Senders zu blicken. Darin sind wir für gewöhnlich Profis und wir machen das täglich: indem wir die Verantwortung, wie es uns geht, an das Außen auslagern. An die Politiker, das Wetter, den Verkehrs-rowdy oder unseren Partner.

Vielleicht denkst du gerade an Situationen aus deinem Leben. Einerseits, wie du selbst reagiert und wem du die Verantwortung für deine Gefühle gegeben hast. Und andererseits, wie andere Menschen unterschiedlich auf dich reagieren. Dieser Perspektivenwechsel ist wichtig: Es geht nicht nur darum, die Verantwortung für die eigenen Gefühle zu übernehmen, sondern zugleich darum, die Verantwortung für die Gefühle anderer Menschen bei diesen zu lassen. Das kann in vielen Situationen sehr entlastend sein. Vorausgesetzt, dass der Inhalt, den du selbst an der Grenze abgelegt hast, förderlich war.

Frage 3) Warum reagieren wir alle so unterschiedlich?

Diese Frage wurde bereits in den ersten Kapiteln betrachtet. Ich möchte sie hier dennoch erneut aufnehmen und vertiefen. Vielleicht erinnerst du dich an die Aussage: »Er hat meinen Knopf gedrückt.« Genau diese Knöpfe lassen uns emotional derart unterschiedlich auf gleiche oder ähnliche Auslöser reagieren. Blicken wir noch einmal auf das Beispiel mit dem Zuspätkommen von Julia und die Knöpfe von Katharina, Armin und Torsten:

Katharina reagierte traurig, sie fühlte sich nicht wertgeschätzt von ihrer Freundin. Sie war die Älteste von fünf Kindern. Laufend wurde sie im Haushalt und bei der Erziehung der jüngeren Geschwister mit einbezogen und hatte nie das Gefühl, dass Mama und Papa sie wirklich wahrnahmen und ihre Bedürfnisse sahen. Somit wurde für sie die Wertschätzung ihrer Bedürfnisse von den Menschen um sie herum etwas unabdingbar Wichtiges. Wenn sie jetzt als Erwachsene erlebt, dass dieses Bedürfnis nicht erfüllt wird, dann wird die alte Wunde berührt und Trauer überkommt sie. Ihr eigener Wert ist in diesem Fall abhängig von Julia. Sie kann ihn sich noch nicht selbst geben – zumindest in diesem Punkt.

Armin reagierte wütend. Er lebte bei seiner alleinerziehenden Mutter mit zwei Geschwistern. Soweit er sich erinnern kann – er hat viel verdrängt aus seiner Kindheit –, kam seine Mutter irgendwie immer zu spät oder vergaß ihn: beim Abholen vom Kindergarten oder von der Schule und selbst bei der für ihn so wichtigen Theateraufführung. Er hatte die Hauptrolle bekommen und war unglaublich stolz darauf ... Und dann kam seine Mama erst kurz vor Ende der Vorstellung. Das war für den kleinen Armin richtig schlimm.
Wenn sich heute jemand bei einem Termin mit Armin verspätet oder er sich nicht ausreichend wertgeschätzt fühlt, kommt der unbearbeitete Schmerz hoch und er kann nicht anders, als wütend zu werden. Wenn Armin erkennen würde, dass es Julia und alle anderen Menschen im Hier und Jetzt sehr leicht haben, diesen Knopf zu drücken, und er die Verbindung mit seinen Kindheitserfahrungen verstehen würde, dann bestünde die Chance einer Veränderung.

Torsten hatte, bis auf kleine Ausnahmen, einen positiven Beziehungsunterricht mit seinen Eltern. Sie waren für ihn da, wenn er sie brauchte. Wenn – wie in dem Beispiel – Julia zu spät kommt, wird keine alte Wunde berührt – er bleibt gelassen im Hier und Jetzt. Er kann den Auslöser (die Verspätung) entspannt an der Grenze liegen lassen und bezieht das Zuspätkommen nicht auf sich persönlich. Er kennt seinen eigenen Wert und sucht ihn nicht im Außen. Torsten hat dafür wahrscheinlich ein anderes Thema, bei dem er emotional reagiert ...

Eine weitere Geschichte:

Maximilian und David sind seit drei Jahren ein Paar und leben seit Kurzem zusammen in ihrer neuen Wohnung. Für David ist es wichtig, Heiligabend mit seinen Eltern und seinem kleinen Bruder zu verbringen. Seine Mutter ist schwer erkrankt und es ist nicht sicher, ob noch weitere gemeinsame Weihnachten möglich sein werden. Er möchte diesen Abend ebenfalls gerne mit Maximilian zusammen feiern. Maximilian hatte sich hingegen nichts sehnlicher gewünscht, als den Weihnachtsabend zu zweit mit David zu verbringen.

Doch an Weihnachten nur mit Maximilian alleine zu sein, ohne seine Familie – das ist für David unvorstellbar. Beide haben über ihre unterschiedlichen Bedürfnisse bereits mehrfach gesprochen, ohne jedoch eine Entscheidung zu treffen. David quält diese unentschiedene Situation, obwohl er bereits weiß, dass er seine Familie besuchen wird.

Eines Morgens nimmt er allen Mut zusammen und verkündet seinem Partner den Entschluss. Er legt quasi die Aussage »Ich werde Heiligabend bei meiner Familie verbringen und du bist herzlich eingeladen« an der imaginären Grenze zwischen ihnen ab. Dort liegt nun die Botschaft. Maximilian muss erst mal schlucken und spürt eine Trauer. Er versteht die Beweggründe von Davids Entscheidung und weiß auch, dass er eingeladen ist. Und doch hinterlässt sie einen Schmerz in ihm.

Wer hat nun Maximilian traurig gemacht? David oder er selbst? Du kannst es dir sicherlich denken: er selbst. Er hätte sich auch freuen können, dass er an Heiligabend Davids Familie besuchen darf. Oder er hätte aggressiv reagieren können, weil er vor eine vollendete Tatsache gestellt wurde. Doch er ist traurig. Das Gefühl ist in ihm entstanden und somit hat er es selbst »gemacht«. Die Verantwortung für diese Trauer zu übernehmen, hilft Maximilian. Denn er sucht nicht die Lösung bei David, indem er ihn kritisiert, ihm etwas vorwirft oder versucht, seine Meinung zu verändern. Somit ist die Reaktion von Maximilian völlig in Ordnung. Es geht nicht darum, dass er nicht emotional reagieren darf und seine Gefühle wegdrücken soll. Es geht ausschließlich darum, wem er den schwarzen Peter für seine Gefühle zuschiebt und wo er die Lösung für seinen Kummer sucht.

Neben der eigenen Lebensgeschichte gibt es weitere Einflussfaktoren, warum wir auf gleiche Auslöser derart unterschiedlich reagieren: unsere Tagesform, unser Temperament und psychische Reife, unsere aktuelle Stimmungslage und Lebenszufriedenheit oder auch die Erlebnisse und Erfahrungen, die wir mit einer bestimmten Person sammelten.

Frage 4) Heißt das, dass ich meine Gefühle unterdrücken soll?

Die Verantwortung für die eigenen Gefühle zu übernehmen, bedeutet nicht, sie zu unterdrücken. Das wäre langfristig gesehen hinderlich für die psychische Gesundheit. Man darf und soll selbstverständlich beispielsweise wütend oder traurig sein. Gefühle wollen leben – das ist ihr einziges Bedürfnis: gefühlt und ausgedrückt zu werden. Sie entstehen in uns und suchen den Weg nach außen. Wenn wir sie nicht ausleben, verbleiben sie im Körper. Wenn wir uns vorstellen, dass das Ausleben und Ausdrücken des Gefühls zwei Bar (die Einheit für Druck) beansprucht, benötigt dann das Unterdrücken im Körper mehr oder weniger? Selbstverständlich mehr Bar. Wenn wir viele unausgedrückte Emotionen mit und in uns tragen, angesammelt in unserem gesamten Leben, kostet das viel Energie. Die uns für andere Dinge fehlen wird.

Das Unterdrücken ist demnach nicht der beste Weg, denn Gefühle sind immer real. Man kann sich verrechnen oder verlaufen, aber nicht ver-fühlen. Meist verlernen wir im Laufe des Erwachsenwerdens einen sinnvollen Umgang mit unseren Gefühlen. Wir machen dann etwas anderes mit ihnen: Beispielsweise bewerten, verändern, unterdrücken, vergrößern, verkleinern wir sie, halten sie fest oder werten sie ab.

Sinnvoll ist in meinen Augen das »wahrhaftige« Fühlen. Das heißt aber nicht, dass ich in jeder Situation zum Kind werde und jeden Menschen sofort anbrülle, wenn mir etwas nicht passt. Vielmehr geht es darum: Wenn ich beispielsweise von meinem Partner verlassen wurde, gebe ich der Trauer genügend Raum. Manchmal ist es aufgrund externer Umstände – zum Beispiel, weil ich arbeiten bin – nicht möglich, die Trauer zuzulassen. Dafür könnte ich ihr abends Raum geben, anstatt dem Fernseher. Gefühle zu fühlen heißt für mich folglich nicht,

- jederzeit in ihnen zu versinken,

- mich von ihnen ständig überwältigen zu lassen oder

- laufend die Kontrolle an meine Gefühlswelt abzugeben.

Beobachte einmal kleine Kinder: Sie sind im Hier und Jetzt und fühlen ihre Gefühle, in dem Moment, in dem sie da sind. Da sie diese unmittelbar ausdrücken, treten die Gefühle auch schneller wieder in den Hintergrund. Sie haben meist noch einen förderlichen Umgang mit Gefühlen. Ein Beispiel:

Laras Papa kommt nach Hause und sie rennt freudig auf ihn zu! Etwas zu schnell, sodass sie hinfällt und sich das Knie leicht aufschürft. Die Tränen kullern und das Geschrei ist groß. Als Papa sie auf den Arm nimmt, entdeckt sie den kleinen Teddybären, den sie vor einigen Tagen verloren hatte. Papa hat ihn im Auto gefunden. Plötzlich ist es still, die Tränen hören auf zu fließen und den Schmerzlauten folgen Freudenschreie.

Doch auch Kinder sollten lernen, mit ihren Gefühlen umzugehen, um sich nicht ewig dadurch zu hemmen.

Wenn ein Kind frustriert ist, weil es im Freizeitpark altersbedingt einige Fahrgeschäfte nicht fahren durfte, ist es natürlich enttäuscht und traurig. Das ist verständlich. Nach einer Weile könnte man das Kind jedoch fragen: »*Ich verstehe deine Enttäuschung. Du kannst damit weitermachen, oder wir genießen jetzt die anderen Attraktionen und haben Spaß zusammen. Was meinst du?*«

Zum Nachdenken und Reflektieren: Was nimmst du von der Grenze auf?

Bei welchen Aussagen, Verhaltensweisen und Situationen nimmst du etwas für dich Unangenehmes von der Grenze auf? Erkennst du eine Verbindung zu deiner Lebensgeschichte und deinen Triggerpunkten? Wann gelingt es dir, trotz einer möglichen Sensibilität anders auf den Inhalt der Milchtüte zu reagieren? Wenn du ausgeschlafen bist, wenn das Wetter schön ist, wenn du zufrieden mit dir und der Welt bist ...?
Und bei welchen Themen bleibst du grundsätzlich entspannt, bei denen andere Menschen vielleicht emotionaler reagieren? Kennst du deine Ressourcen und bist du dir darüber bewusst?

Veränderungsimpulse: Wie Veränderung in deinem Leben möglich sein kann

Wenn du diese Gedanken in dein Leben integrieren möchtest, findest du im Folgenden einige Impulse zur Umsetzung:

1) Wissen und Bewusstheit

Die Theorie des Milchtüten-Modells zu kennen, ist wieder der erste Schritt: Ich mache meine Gefühle selbst, sie entstehen in mir, daher kann auch nur ich deren Urheber sein. Beispielsweise den Gedanken »*Sie hat mir meine Energie geraubt*« umwandeln in »*Ich habe mir meine Energie rauben lassen*«. Oder »*Er hat mich überredet*« verwandeln in »*Ich habe mich überreden lassen*«.

2) Verantwortungsübernahme

Die Verantwortung liegt demnach bei mir selbst. Ich muss eine Veränderung nicht bei anderen Menschen einfordern, sondern kann die Lösung in mir finden.

3) Übung

Dann geht es ans Üben. Jeden Tag gibt es unzählige Möglichkeiten dazu: das schlechte Wetter, der Mercedes-Fahrer, der dir die Vorfahrt nimmt, die Politikerin, die Unsinn erzählt, das Werbeplakat, das dir nicht gefällt, der Nachbar, der den Plastikmüll in die Papiertonne wirft, der lauwarme Kaffee … Das ist ein lebenslanges Lernen und lässt sich nicht wie mit einem Schalter an- oder ausschalten. Ich selbst übe das jeden Tag. Manchmal fällt es mir leicht, manchmal nicht. Manchmal ist es mir bewusst und ich denke daran, manchmal passiert es ganz automatisch, dass ich die Ursache im Außen sehe. Doch mit jeder Situation, in der ich mir darüber bewusst werde, wird es leichter.

4) Heilung

Wie oben beschrieben, reagieren wir aufgrund unserer Lebensgeschichte unterschiedlich auf bestimmte Begebenheiten. Diese zu kennen, erleichtert den Heilungsprozess. Denn wenn ich weiß, welcher wunde Punkt in einer Situation berührt wird, dann wird es mir leichterfallen, die Lösung in mir selbst zu finden und mich mit der Wunde zu befassen.

Zum Nachdenken und Reflektieren: Was ist das Wesentliche aus diesem Kapitel?

Zurück zur Supermarkt-Geschichte vom Anfang: Wenn du das nächste Mal einkaufen gehst und die falsche Schlange an der Kasse erwischst, dann wünsche ich dir, dass du an die Milchtüte denkst und dich daran erinnerst, wer deine Gefühle macht: du selbst oder das Außen? Anstatt dich zu ärgern, hast du nun die Möglichkeit, dich anders zu fühlen, anders zu warten. Du kannst beispielsweise deine Aufmerksamkeit auf drei Dinge lenken, für die du an diesem Tag dankbar bist.

Wenn ich dieses Kapitel zusammenfassen müsste, würde ich Folgendes sagen: Was wir von der Grenze aufnehmen, liegt an uns und unseren Bewältigungsstrategien. So entscheiden wir selbst, wie wir reagieren und was wir fühlen – und nicht der Auslöser.

Was nimmst du mit aus diesem Kapitel? Ist es ein bestimmter Gedanke, Impuls, eine Erinnerung oder eine Erkenntnis? Gibt es etwas, was du dir vornimmst?

---

5) Ich hab das nur gemacht, weil du …

Nachdem im vorherigen Kapitel die Gefühlswelt, das Innen, im Mittelpunkt stand, blicken wir in diesem Abschnitt auf das Außen und die Verantwortung für unsere Handlungen.

Bei meinem letzten Buch zum Thema »*Männer verstehen für Dummies*« war der Schwerpunkt klar; es ging um Männer. In diesem Buch spielt das geschlechterspezifische Verhalten keine große Rolle. Nun stehe ich als Autor immer wieder vor der Frage: Ist das (vermeintliche) Opfer immer weiblich? Gehen hauptsächlich Männer fremd? Und schlagen vor allem Menschen aus einem sozial benachteiligtem Umfeld ihre Kinder? Oder klingt das alles zu klischeehaft? In diesem Kapitel mache ich es mir einfach – und somit wirst du viele Klischees finden: Franz ist fremdgegangen. Gerald hat seinen Sohn Kevin geschlagen. Malte hat sich zum Marathon angemeldet, obwohl dafür keine Zeit bleibt. Doch der Reihe nach:

Franz ist fremdgegangen. 12 Jahre Ehe, drei kleine Kinder im Alter von 10, 7 und 5 Jahren, ein Reiheneckhaus mit Garten, ein VW Passat Kombi. Der Traum einer Familie hat sich für ihn und seine Frau Franzi erfüllt. Doch jetzt das: Franz ist fremdgegangen. Mit Indira aus dem Yogakurs. Eigentlich war sie gar nicht sein Typ, doch irgendwann ist es passiert. Anfangs waren es nur kurze Gespräche nach der Yogastunde (zu der ihn seine Frau inspiriert hatte; »Achtsamkeit tut dir gut, Franz!«), später ein unverbindlicher Kaffee und anschließend viele WhatsApp-Nachrichten. Irgendwann lagen sie zusammen im Bett. Der Sex war gut. Nicht fantastisch, aber immerhin mal wieder Geschlechtsverkehr.

Zu Hause hatten Franz und seine Frau Franzi schon mehrere Monate keinen Sex mehr, davor vielleicht alle zehn Wochen. Anfangs hat er noch herumgemeckert und sie unter Druck gesetzt, ohne Erfolg. Franzi ahnte irgendwann etwas von der Affäre, weil Franz plötzlich voller Lebensfreude und ausgeglichener war. Anfangs schob sie es noch auf seine beruflichen Erfolge, doch als er plötzlich anstelle des SZ-Magazins sein Handy mit auf die Toilette nahm, wurde sie misstrauisch. Eines Abends lag das Handy von Franz ohne Sicherung neben ihr auf dem Sofa. WhatsApp war schnell geöffnet ... Franz war gar nicht amused, dass seine Frau in seinem Handy spionierte. Doch sie war noch weniger amused, dass er mit einer anderen Frau, nun ja ...

Wir kommen später noch einmal zu Franz und Franzi. Vorher wenden wir uns einer weiteren Geschichte zu:

Gerald hat seinen Sohn Kevin geschlagen. Chemnitz, Plattenbau, Aldi-Tüten im Flur, RTL2 läuft den lieben langen Tag und jeder macht, was er will. So auch Kevin, der mit dem Fußball in der Wohnung kickt. Die Drohung seines Vaters geht im Stimmenwirrwarr der Talkshow im Fernseher unter. »Kevin, noch einmal und dann knallt es!«, ist der Standardspruch von Kevins Vater, sobald es ihm zu viel wird. Kevin möchte draußen mit seinem besten Freund Ronny kicken, doch da es regnet, darf er nicht. So ist er frustriert und macht sich auf den

Weg zum Zimmer seiner beiden Schwestern. Auf dem Weg zu ihnen, im Flur, neben den Aldi-Tüten und den leeren Bierflaschen, liegt der Fußball und er kickt ihn noch ein letztes Mal. Dann ist es passiert, zwei Bierflaschen liegen zersplittert auf dem Boden. Ein paar Augenblicke später liegt Kevin daneben. Leider nicht freiwillig, sondern wegen einer heftigen Ohrfeige von Gerald, der außer sich ist.

Auch zu Gerald und Kevin blicken wir gleich noch mal. Doch vorher eine Geschichte aus einem anderen Milieu:

Malte hat sich zum Marathon angemeldet. Was an sich ja eine gute Sache ist. Der Haken an der Geschichte: Er hatte seiner Frau Tialda versprochen, sich mehr um ihre gemeinsame Kunstausstellung zu kümmern: »Art meets vegan«. Das ist ein neuartiges Konzept und der aktuelle Lebensinhalt der beiden. Tief innen war beiden bewusst, dass das Projekt hauptsächlich dazu diente, ihre Beziehungsprobleme ein wenig zu überdecken. So war Malte anfangs Feuer und Flamme für das Projekt, bis sich Tialda an einem Mittwochnachmittag – entgegen einer Absprache – nicht um die zwei Hunde Adam und Eva kümmerte. Mit dem Ergebnis, dass Malte nicht zum Rennrad-Training gehen konnte. Das nahm er persönlich. Sie wusste doch, dass ihm diese Zeit in der Woche heilig war. Daher entschied er sich spontan, das Training für den Boston-Marathon wieder aufzunehmen, trotz der Vereinbarung mit Tialda, damit bis nach Beendigung der Ausstellung zu warten. Die Stimmung beim folgenden Abendessen bei Tofuwurst und Sellerieragout war mäßig.

Soweit die Geschichten von Franz, Gerald und Malte. Wie denkst du über die drei Männer, hast du Verständnis für sie? Als Franzi Franz fragt, warum er fremdgegangen ist, schiebt er ihr den schwarzen Peter zu: »*Weil du nicht mehr mit mir schlafen wolltest.*« Gerald rechtfertigte sich damit, dass er seinen Sohn Kevin doch mehrfach vorgewarnt hatte: »*Er hat es ja geradezu herausgefordert, er war demnach selber schuld.*« Und Malte meinte trocken zu Tialda: »*Jeder, wie er es verdient! Du hast dich ja selbst nicht an unsere Abmachung gehalten ...*«

Sind diese Rechtfertigungen in deinen Augen berechtigt? Alle drei sagen damit: Meine Reaktion ist die nachvollziehbare Konsequenz auf deine Aktion. Daher liegt die Verantwortung bei dir. Schauen wir noch mal auf die drei Geschehnisse:

- Zu Fremdgeh-Franz: Franz rechtfertigt seine Affäre (Reaktion) damit, dass er schon lange keinen Sex (Ursache) mehr mit seiner Frau Franzi hatte. Nach dieser Logik dürfte folglich jeder fremdgehen, der zu Hause zu wenig Sex hat. Somit liegt die Verantwortung für seine Affäre bei Franzi. Doch trägt sie diese Verantwortung tatsächlich? Müsste es nicht vielmehr heißen: »*Ich bin fremdgegangen, weil ich mich entschieden habe, fremdzugehen. Und nicht, weil du keinen Sex mehr wolltest.*« Damit bliebe die Verantwortung zu 100 Prozent bei Franz. Dass in der Beziehung etwas schiefgelaufen ist, dass die Sexualität weitgehend eingeschlafen ist, dafür tragen wohl beide 50 Prozent der Verantwortung – wie für die meisten Themen in Partnerschaften. Aber die Verantwortung fürs Fremdgehen trägt alleine der, der es gemacht hat. Er war ja derjenige, der »plötzlich« in einem anderen Bett aufgewacht ist. Franzi hat ihn dort nicht hineingelegt.

- <u>Zu Gewalt-Gerald</u>: »*Kevin hatte es doch provoziert, er ist selbst schuld, dass ich ihn geschlagen habe. Ich hatte ihn vorgewarnt, dass beim nächsten Schuss Schluss ist.*« Gerald fühlt sich im Recht und begründet damit die Backpfeife gegenüber seinem Sohn. Auch er gibt die Verantwortung für seine Gewalttätigkeit ab. »*Wenn du es nicht gemacht hättest, hätte ich nicht reagiert!*« Hat Kevin die Hand von seinem Vater genommen und sich damit selbst geschlagen? Wohl kaum! Folglich trägt doch der Vater zu 100 Prozent die Verantwortung dafür, was er mit seiner Hand macht.

- <u>Zu Marathon-Malte</u>: Für Malte steht fest: »*Wenn Tialda ihr Versprechen bricht, dann darf ich das auch. Wenn sie es nicht gemacht hätte, hätte ich mich nicht zum Boston-Marathon im nächsten Jahr angemeldet.*« Damit übergibt auch er die Verantwortung für sein Handeln an seine Frau. Das ist seine Perspektive. Die andere Perspektive wäre: »*Weil ich mich entschieden habe, den Marathon zu laufen, habe ich so gehandelt.*« Hinter seiner Entscheidung steht seine Enttäuschung: Zum einen über Tialdas Geringschätzung, dass sie sein Rennrad-Training vergessen hatte. Zum anderen über sich selbst, da er sich bisher nicht traute, ihr zu erzählen, dass er keine Freude mehr an der Ausstellung hat. Diesen eigentlich auf sich selbst gerichteten Frust, weil er es nicht angesprochen hatte, projizierte er auf Tialda.

Schon gewusst? *Der Gewinn und Preis eines nicht eigenverantwortlichen Lebens*

Je nach Perspektive verändern sich die Vor- und Nachteile eines nicht selbstverantwortlichen Lebens. Für Menschen, die sich ungerne persönlich weiterentwickeln möchten, kann die Aussage »Die Lösung liegt in dir« eine Bedrohung sein. Warum? Sehen wir uns den Gewinn und Preis an:

Der Gewinn der Verantwortungsabgabe

Man hat einen Verantwortlichen für das eigene Leben. Es liegt somit an anderen Menschen oder Situationen, wie es einem geht. Man kann und muss demnach nichts machen, außer auf Veränderung im Außen zu warten und sich gegebenenfalls zu beschweren. Man muss sich und sein Verhalten nicht hinterfragen und kann es sich in der Opferposition »gemütlich« machen. Wenn Menschen sich als Opfer sehen, dann besitzen sie oft eine große Macht. Die Opferhaltung kann eine Form der Abwertung oder Aggression gegenüber jemand anderem sein, da man diesen Menschen damit kontrollieren und somit bestrafen kann.

Der Preis der Verantwortungsabgabe

Gibt man anderen die Verantwortung, wartet man möglicherweise ein Leben lang darauf, dass endlich jemand kommt, der dafür sorgt, dass es einem besser geht. Doch diese Hoffnung ist meist vergebens. Persönliches Wachstum wird dadurch verhindert und Verbitterung als auch Hass treffen auf einen fruchtbaren

Nährboden. Zudem zahlen häufig Menschen um einen herum einen Preis, indem sie beispielsweise beschuldigt werden oder ihnen ein schlechtes Gewissen gemacht wird.

Veränderungsimpulse: Wie Veränderung in deinem Leben möglich sein kann

Wie kann Veränderung geschehen, damit wir die Verantwortung für eigene Entscheidungen und Handlungen nicht mehr an andere abgeben? Am Beispiel der Männer einige Impulse zur Umsetzung für den Alltag.

1) Wissen und Bewusstheit

Die Erkenntnis steht wieder an erster Stelle: Die drei Männer haben ihre Reaktion selbst »gemacht« und niemand anderes.

2) Verantwortungsübernahme

Wenn die drei erkennen, dass nicht andere ihre Reaktion verursacht haben, sondern sie selbst, dann können sie beginnen, die Verantwortung für ihr Handeln zu übernehmen. Die grundlegende Voraussetzung für zukünftige Veränderungen.

3) Übung

Nun geht es um das Erlernen, anders mit Frustrationen und eigenen Bedürfnissen umzugehen. Als erster Aspekt der Umgang mit Frustration: Zielführend wäre es, wenn

Gerald, Franz und Malte erkennen, dass sie zum jetzigen Zeitpunkt nur über diese eine Reaktionsmöglichkeit verfügen. Also noch keine Wahl haben, anders auf die jeweiligen Auslöser zu reagieren. Fehlende Verhaltensweisen bei Stress, Enttäuschung oder Verletzung oder eine geringe Frustrationstoleranz führen zu ihrer Reaktion, und eben nicht das Außen.

Ein zweiter Aspekt im Umgang mit den eigenen Bedürfnissen: Hilfreich wäre es, wenn die drei erlernen, ihre Bedürfnisse wahrzunehmen, sich mit ihrem Partner darüber auszutauschen und sich gegebenenfalls für ihre Bedürfnisse einzusetzen, bevor das Fass voll ist und sie explodieren:

Franz könnte seiner Frau beispielsweise rechtzeitig von sich erzählen: »Du Schatz, das Thema Sex ist für uns beide ja nicht zufriedenstellend, wir drehen uns da echt im Kreis. Mich frustriert das! Wie geht es dir damit, kann ich irgendwas machen? Oder was hältst du davon, wenn wir uns Hilfe zu diesem Thema holen?«

Gerald lernt, mit seiner eigenen Frustration und Unzufriedenheit umzugehen und besucht beispielsweise ein Seminar für gewaltfreie Kommunikation (GFK) oder begibt sich in eine Psychotherapie.

Wenn Malte seine eigene Unzufriedenheit mit dem Ausstellungsprojekt wahrgenommen und mit Tialda geteilt hätte, wäre eine »Eskalation« nicht mehr nötig gewesen. Malte hätte sich in diesem Fall frühzeitig für mehr persönliche Freiräume einsetzen können.

4) Heilung

Je nach Ursache des fehlenden Umgangs mit Frustration oder Enttäuschung kann auch hier externe Begleitung und Unterstützung hilfreich sein.

Zum Nachdenken und Reflektieren: Was ist das Wesentliche aus diesem Kapitel?

Wenn ich dieses Kapitel zusammenfassen müsste, würde ich Folgendes sagen: Die Verantwortung für unser Handeln zu übernehmen und die Verantwortung für das Handeln anderer bei ihnen zu belassen, bringt Klarheit in Beziehungen – Voraussetzung dafür ist, die eigenen Bedürfnisse und die Hintergründe hinter dem eigenen Handeln zu verstehen.

Was nimmst du mit aus diesem Kapitel? Ist es ein bestimmter Gedanke, Impuls, eine Erinnerung oder eine Erkenntnis? In welchen Situationen reagierst du automatisch, was hilft dir, diesen Automatismus zu durchbrechen? Gibt es etwas, was du dir vornimmst?

---

6) Jedes Verhalten ergibt Sinn

Nachdem wir auf unseren Beziehungsunterricht (Kapitel 1), auf die Auswirkungen auf unsere Partnerschaft (Kapitel 2) und andere soziale Kontakte (Kapitel 3) sowie die Auswirkungen auf unsere Gefühle (Kapitel 4) und unser Tun und Handeln (Kapitel 5) geblickt haben, betrachten wir in diesem Kapitel alle Aspekte zusammen wie aus einer psychologischen Meta-Perspektive. Insbesondere befassen wir uns damit, wie das Verständnis für die eigene Lebensgeschichte dazu führen kann, freundlicher mit uns umgehen, uns weniger vorzuwerfen und uns seltener zu kritisieren. Und wir in der Folge mit diesem Blick ebenso anderen Menschen anders begegnen und sie neu betrachten können.

Vielleicht kennst du das auch: Du fragst dich, wunderst dich oder ärgerst dich über ein Verhalten oder eine Aussage einer anderen Person. Es ist schwer nachzuvollziehen, warum beispielsweise Simone, eine eigentlich glücklich verheiratete Frau, ihren Ehemann betrügt, warum Manfred seine Partnerin schlägt oder warum der 38-jährige Enzo keine Partnerschaft eingeht, obwohl viele Frauen auf ihn stehen. Wie kann das sein? Das ergibt doch keinen Sinn, denken wir uns. Ähnlich geht es uns mit Nachrichten, die wir im TV sehen oder in der Zeitung lesen. Bevor wir zu Simone, Manfred und Enzo zurückkommen, blicken wir auf die Geschichte von Konstantin:

Konstantin platzt der Kragen. Am liebsten würde er mit der Faust auf den Tisch hauen, doch die anderen Gäste hindern ihn daran. Er sitzt mit seiner Frau Ina bei ihrem Lieblingsitaliener »Luigi«. Ina hat schon wieder den teuren Wein bestellt und auch noch eine Suppe. Nein, nicht die günstige Minestrone, sondern die mit grünem Spargel und Babycalamari. Babycalamari! Als ob sie Millionäre wären. Sie weiß doch genau, dass er am liebsten alles zurücklegen möchte, was sie nicht unbedingt zum Leben benötigen. Von den 4.600 Euro, die er monatlich verdient, fallen 2.200 Euro Fixkosten für Autos, Versicherungen, Rente und Co. an. 500 Euro sollten für Essen und Freizeit ausreichen, meint Konstantin. Ina hingegen möchte das Leben genießen. Sie versteht nicht, warum Konstantin jeden Kassenzettel aufbewahrt und ein Haushaltsbuch mit jeder Stelle nach dem Komma führt. Er kann ihr exakt die Ausgaben vom Mai dieses Jahres nennen, wie viel sie für Essen, für Kosmetik, für Freizeit ausgegeben haben. Ina versteht es nicht und vor ihren Freunden ist es ihr peinlich, dass Konstantin so ist wie er ist. Im Vergleich zu anderen Familien geht es ihnen doch gut: Sie wohnen in einer abbezahlten Eigentumswohnung, die Kinder sind erwachsen und sorgen für sich selbst. Doch am heutigen Abend war es wieder soweit. Die Suppe und der Wein waren vielleicht 6 Euro teurer als die günstige Variante. 6 Euro führten dazu, dass der Abend gelaufen war. Ina bekommt gar nicht mehr mit, wie gut die Suppe schmeckt und Konstantin macht sich Sorgen um die Zukunft.

Wenn wir als Außenstehende diese Geschichte hören oder lesen, haben wir meist schnell ein Urteil gebildet und bewerten die beiden: Der geizige Konstantin und die arme Ina, die unter dem Sparbedürfnis ihres Mannes leidet. Oder eine andere Perspektive: Der sparsame Konstantin und Ina, die keine Grenzen kennt. Was jedoch dahintersteht, sehen wir nicht. Und die beiden kennen und verstehen die Hintergründe selbst nicht – noch nicht. Wie kommt es also, dass ein paar Euro einen schönen Abend ruinieren können?

Konstantin kam in einem armen Ort in Bulgarien auf die Welt. Der Vater war Alkoholiker und machte sich früh aus dem Staub. Seine Mutter kümmerte sich liebevoll um Konstantin und seine Schwestern. Von ihrem Einkommen als Verkäuferin konnte sie die Familie gerade über Wasser halten. Sie hatten zu essen, gebrauchte Kleidung und im Winter Holzscheite für den Ofen. Alles darüber hinaus war Luxus: ein kleines Geburtstagsgeschenk, ein Lolli oder Farbstifte für die Schule. Das war selten möglich. Gegen Ende des Monats gab es häufig nur noch Pellkartoffeln und Sauerkraut. Konstantins Mutter gab ihr Bestes und sie hätte für ihren selbstlosen Einsatz einen Orden verdient. Selbstverständlich hatte diese jahrelange Armut einen prägenden Einfluss auf Konstantin und seine Geschwister. Seit er denken kann, war für ihn Geld das Wichtigste und Erstrebenswerteste. Bereits als Kind wollte er reich sein: Fleisch essen können, wann er wollte, ein Mountainbike fahren, Comics kaufen und eine Fotokamera besitzen. Und einen Speicher voller Gold – wie Dagobert Duck. Mehr oder weniger ist ihm das gelungen. Mit viel Einsatz, Energie und Entbehrungen hat er es nach Deutschland geschafft und ist nun ein wohlhabender Mann.

Aus dem kleinen Jungen Konstantin, der viel entbehren musste und die Zukunftsängste der Mutter mit der Muttermilch aufgenommen hat, ist der erwachsene Konstantin geworden, dem es an nichts mangelt. Zumindest materiell. Doch die Vergangenheit und der kleine Konstantin zeigen sich immer noch. Sobald es um Geld und Sicherheit geht, übernimmt der kleine verletzte Junge das Kommando – selbstverständlich unbewusst. Er hat die Armut noch tief in den Knochen stecken und möchte da nie mehr hin. Was dazu führt, dass er spart, um diesen Zustand nicht wieder erleben zu müssen. Der kleine Konstantin in dem Erwachsenen verhält sich aus dieser Perspektive vernünftig, nachvollziehbar und sinnvoll: Er vermeidet eine mögliche Wiederholung dieses existenziellen Lebensgefühls (das ist sein Gewinn). Die Sparwut und die Kontrolle, ja, beinahe der Zwang, sparen zu müssen, kosten ihn und seine Umgebung viel Lebensfreude (das ist der Preis).

Andere Menschen sehen auf den ersten Blick nur den Preis, den er zahlt und den andere Menschen meist mit ausgleichen müssen. Der Gewinn seines Verhaltens bleibt wahrscheinlich im Verborgenen. Somit ist es leicht nachvollziehbar, Konstantin zu bewerten oder abzuwerten, wenn man nur den Preis sieht, den sein Verhalten nach sich zieht. So ist es auch bei Ina, die zwar die Lebensgeschichte ihres Mannes kennt, die aber aus heutiger und erwachsener Sicht auf das Thema Geld blickt. Sie geht davon aus, dass er das ebenso wie sie machen müsse. Aus heutiger Sicht hat sein Verhalten in ihren Augen wenig Sinn, sie verfügen über genügend Sicherheiten und werden später eine gute Rente haben.

Selbstverständlich trägt Konstantin die Verantwortung dafür, was er aus seiner Lebensgeschichte mit in die Partnerschaft nimmt und wie er sich aufgrund derer verhält. Und doch kann man seine Verhaltensweise besser verstehen, wenn man die Ursachen dafür kennt. Man kann aufhören, gegen den kleinen Konstantin zu kämpfen, und vielleicht dem großen Konstantin den Impuls geben, sich mit dem kleinen auseinanderzusetzen. Das wäre ein erster Schritt hin zur Veränderung: Dass der große den kleinen Konstantin kennenlernt, verstehen lernt, annehmen lernt und die alten Wunden heilt.

Die Verbindung der Kindheitswunde mit der Auswirkung ist bei Konstantin naheliegend. Doch ist die »Lösung« immer so einfach? Nein, die Ursache herauszufinden kann auch wesentlich vertrackter sein und um mehrere Ecken liegen. Beispielsweise könnte Konstantin als Kind erfahren haben, keine Einflussnahme und Kontrolle zu besitzen. Die Sparsamkeit als Erwachsener wäre eine Möglichkeit, sich selbstwirksam zu fühlen und die Fäden in der Hand zu halten.

Warum es kein sinnloses Verhalten gibt

Jedes Verhalten ergibt Sinn. Zumindest für den Handelnden, denn sonst würde er sich nicht dementsprechend verhalten. Hinter jeder Handlung steht ein Gewinn und ein Preis. Beispiele dafür findest du weiter unten. Nach meiner Erfahrung ist es folgendermaßen:

- Wir verhalten uns stets so, dass der Gewinn für uns selbst höher ist als der Preis, den wir dafür bezahlen.

- Es reicht dabei aus, dass der Gewinn nur minimal höher ist als der Preis.

- Den Gewinn und seine Hintergründe kennt meist nur unser Unterbewusstsein. Er liegt häufig im Verborgenen, bis wir uns auf die Suche danach machen.

- Für die Menschen um uns herum können Preis und Gewinn genau andersherum sein; sie zahlen teilweise den Preis für unseren Gewinn.

- Umgekehrt gilt es ebenso: Wir zahlen häufig den Preis für den Gewinn anderer Menschen.

Mit diesem Blickwinkel auf Verhaltensweisen wird in meinen Augen nahezu jedes Verhalten erklärbar. Häufig verhalten wir uns als Erwachsene noch nach derselben Gewinn-Preis-Rechnung, die wir in der Kindheit unbewusst erstellt haben und die damals sinnvoll und wichtig war. Als Erwachsene befinden wir uns jedoch in einer anderen Umgebung und Situation, sodass meist ein anderes Verhalten möglich wäre – eigentlich.

Diese Gewinn-Preis-Rechnung ist zudem unabhängig davon, ob das Verhalten moralisch und ethisch nachvollziehbar ist, man sich selbst darüber bewusst ist und welchen Einfluss dieses Verhalten auf andere Menschen hat.

Wie ein auf den ersten Blick sinnloses Verhalten doch einen Sinn ergibt

Betrachten wir die oben angedeuteten Geschichten näher, insbesondere unter diesen Gesichtspunkten. Die junge Frau, die ihren Mann betrügt:

Simone ist verheiratet, Mitte 30 und steht mit beiden Beinen im Leben. Und sie geht fremd. Neun Monate lang führt sie ein komplettes Doppelleben. Sie fährt mit beiden Männern in den Urlaub, hat Gefühle für beide und vollbringt täglich eine logistische Meisterleistung. Doch nachdem Simones Liebhaber Adrian ihr drohte, ihrem Partner Volker alles zu sagen, lässt sie die Affäre von sich aus auffliegen. Sie versteht sich selbst nicht, macht sich viele Vorwürfe und hasst sich für ihr Verhalten. Was war der Sinn dahinter, also der Gewinn von Simone? Zusammen mit ihr machte ich mich in Therapiesitzungen auf Spurensuche und wir blickten auch auf ihre Lebensgeschichte: Als sie noch ein Kind war, wurde sie zu Hause häufig alleine gelassen. Die Eltern waren selbstständig; die Arbeit war ihr Ein und Alles. Oma wurde oft als Aufpasserin engagiert. Doch die Kleine wünschte sich damals nichts mehr, als mehr Zeit mit Mama und Papa zu verbringen. Sie wollte von ihren Eltern wahrgenommen werden und auf deren Prioritätenliste nicht erst auf Platz drei oder vier stehen.

Zurück zu Simone als erwachsener Frau und ihrer Affäre: Sie begann die Außenbeziehung einige Zeit, nachdem Volker beruflich sehr eingespannt und viel unterwegs war und sich sein Leben vorwiegend um seine Selbstständigkeit drehte. Sie erhielt von ihm weniger

Aufmerksamkeit, Zeit und Liebe als vorher. Wie früher als Kind, quasi eine Kopie ihrer Ursprungsverletzung. Die alte Wunde wurde nun durch den Auslöser ihres Partners berührt. Das kleine Mädchen in Simone übernahm (unbewusst) die Führung. Eine zielführende Verhaltensweise, diesem Schmerz zu entkommen, war, sich Liebe, Zeit und Aufmerksamkeit von einem Dritten zu holen. In diesem Fall von einem anderen Mann. Ihr Partner war ja nicht »verfügbar«. Die Affäre war eine Lösung – mit dem Gewinn, die Gefühle von damals nicht wieder zu spüren, emotional nicht an diese schmerzhafte Zeit erinnert zu werden. Der Preis liegt ebenfalls auf der Hand: Sie gefährdete ihre Primärbeziehung und verletzte das Treueversprechen ihrem Partner gegenüber. Simones Verhalten ergibt mit dieser neuen Perspektive mehr Sinn – zumindest für sie war die Erkenntnis dieser möglichen Ursache sehr entlastend. Sie konnte nun sich selbst und ihr Verhalten besser begreifen und die nächsten Schritte gehen. Zum einen der Blick in die Vergangenheit: Die Auseinandersetzung und der Heilungsprozess mit der kleinen verletzten Simone in sich. Zum anderen der Blick in die Gegenwart: Dem Erlernen, in Kommunikation mit dem Partner zu gehen; und dem Ausdrücken ihrer Bedürfnisse und Gefühle, wenn sie sich einsam und verlassen fühlt.

Der Mann, der seine Frau schlägt:

Manfred hat ein Problem: Er schlägt in manchen Situationen seine Frau, die er eigentlich liebt. Meist kann er sein Verhalten gut reflektieren und erkennt, dass es inakzeptabel ist. Doch unter bestimmten Umständen verschwindet diese Wahrnehmung. Der Preis, den er dafür zahlt, ist offensichtlich: Er fügt seiner Partnerin körperliche und seelische Schmerzen zu, was völlig inakzeptabel ist. Doch gibt es auch einen Gewinn, der ihm wahrscheinlich nicht bewusst ist. Sonst würde Manfred sich anders verhalten. Wann wird er handgreiflich? In Diskussionen mit seiner Frau, wenn der Streit bereits eine Weile hin und her geht und es immer lauter und emotionaler wird. Irgendwann, so beschreibt er es, legt sich in ihm eine Art Schalter um; er bekommt anschließend nicht mehr genau mit, was geschieht und was er macht. Seine Frau hingegen erlebt alles weitaus bewusster: Er schubst sie beiseite, und wenn sie sich wehrt, wird er noch heftiger und schlägt sie. Der Schalter legt sich demnach in ihm um, wenn er nicht mehr weiterweiß, er hilflos und ohnmächtig ist.

Ein möglicher Gewinn für Manfred könnte der folgende sein: Eine Verhaltensweise, dieser Hilflosigkeit zu entfliehen, liegt für ihn darin, aktiv zu werden und seine körperliche Dominanz zu nutzen. Worte bringen ihn in diesem Moment nicht mehr aus der Ohnmacht heraus. Diese Hilflosigkeit hat nichts mit seiner Partnerin zu tun, sondern mit ihm: Er konnte keine andere Methode für sich erlernen, mit Hilflosigkeit umzugehen. Manfred fühlte sich als kleiner Junge häufig hilflos gegenüber seinen Eltern. So hilflos, dass er damals bereits die Verhaltensweise entwickelte, wütend und aggressiv zu werden. Die einzige Option, um sich bei seiner Mutter Gehör zu verschaffen. Bei seinem Vater half das nichts, von ihm wurde er häufig selbst verprügelt.

Somit hat der kleine Manfred zwei Dinge mit in seine aktuelle Partnerschaft gebracht. Erstens: Ihm wurde vorgelebt, dass Gewalt eine Möglichkeit ist, Konflikte zu lösen. Dieses Trauma hat er bis jetzt nicht aufgearbeitet. Einer seiner unpassenden Verarbeitungsmechanismen ist es, ebenfalls gewalttätig zu werden. Das wird jedoch nie zu einer nachhaltigen Heilung des Traumas führen, eine Therapie ist für Manfred zwingend erforderlich. Je größer seine Ohnmacht, desto größer muss die Macht sein, um diese auszugleichen. Und zweitens: Er hat als Kind keine Reaktions- und Verhaltensmöglichkeiten erlernen können, wie er mit Frustrationen umgehen kann. So hilft ihm seine körperliche Aggressivität, diese Hilflosigkeit nicht spüren zu müssen. Das ist sein persönlicher Gewinn. Der für ihn in solchen Momenten unbewusst wichtiger zu sein scheint als der Preis, den er dafür zahlt.

Der Mann, der keine Partnerschaft eingeht:

Enzo ist 38 Jahre alt, attraktiv, charmant, hilfsbereit, ein guter Zuhörer und erfolgreich im Beruf. Manche sagen, er wäre der Traum jeder Schwiegermutter. Das ist er auch. Wenn da nicht die eine kleine Sache wäre: Er hält es meist nur etwa sieben Monate in einer Beziehung aus. Sein »Rekord«, wie er es nennt, lag bei einem Jahr und wenigen Wochen – doch das war eine Fernbeziehung. Eigentlich wünscht er sich eine langfristige und harmonische Partnerschaft und versteht nicht, warum das nicht funktioniert. Er vermutet, dass er die Richtige noch nicht getroffen hat und hat noch viele weitere Erklärungstheorien. Den Preis, den er zahlt, ist klar: Er

hat keine Partnerschaft und hinterlässt häufig enttäusch-
te Frauen: »Er war anfangs doch so offen, liebevoll, hatte
Zeit und große Zukunftspläne: an der Nordsee ein altes
Haus mit Reetdach zu restaurieren, dort mit Kind und
Kegel zu leben und alt zu werden.« So nehmen seine
Partnerinnen ihn wahr. Die meisten Frauen waren da-
von begeistert, und auch Enzo hatte diesen Wunsch und
diese Sehnsucht. Doch was ist nun der Gewinn? Was hat
er von seinem unfreiwilligen Singleleben mit 38 Jahren?

Wenn wir in Enzos Biografie blicken, wird deutlich, dass Nähe etwas Unberechenbares und Gefährliches für ihn war. Papa machte sich aus dem Staub und Mama war meistens überfordert. Somit wurde der kleine Enzo zu einem Partnerersatz, er war plötzlich für seine Mutter verantwortlich, sie brauchte ihn. Obwohl er sie gebraucht hätte! Es entstand eine verschobene und ungute Mutter-Kind-Beziehung. Wenn Mama mal wieder heulend auf dem Sofa saß, tröstete er sie; wenn sie andere Männer kennenlernen wollte, ließ sie ihn alleine zurück. Sein Bedürfnis nach Verlässlichkeit, Sicherheit und Wärme wurde von ihr nicht im Ansatz erfüllt – von Papa ganz zu schweigen. Jetzt ist Enzo erwachsen. Und doch übernimmt der kleine Enzo häufig die Führung, in seinen Knochen stecken noch diese unverarbeiteten Erlebnisse. Heute gibt es beide Wünsche in ihm: Einerseits sehnt er sich nach Nähe, Zuneigung, Zärtlichkeit, Annahme und Verbundenheit. Das kann er anfangs in der Beziehung auch zulassen. Dieser Wunsch ist real und authentisch vorhanden und die Frauen spüren das. Andererseits ist Nähe und Verbundenheit eine große Bedrohung – und diese Seite zeigt sich vor allem dann, wenn es ernst wird; wenn die Gefahr besteht, eingeengt oder verletzt zu werden. Damit Enzo diesen Schmerz nicht wieder spüren muss, tritt er aus der Partnerschaft heraus. Bewusst findet er einen Grund zu gehen: »*Die hat zu viel geklammert.*« oder »*Meine Gefühle waren plötzlich weg.*« Wahrscheinlicher ist jedoch der Schutzmechanismus der Grund für seinen Rückzug.

Wie das Wissen über den dahinterliegenden Sinn unsere Bewertung verändern kann

Die Verhaltensweisen von Simone (Fremdgehen) sowie Manfred (Gewalt) sind als untragbar und verletzend anzusehen. Enzo hinterlässt nach der ersten Verliebtheitsphase reihenweise enttäuschte und ratlose Frauen. Alle drei tragen die Verantwortung dafür, was durch ihr Verhalten geschieht. Diese kann und sollte niemand anderes tragen. Auch wenn jedes Verhalten Sinn ergibt; der Sinn allein rechtfertigt keine verletzenden Aussagen oder Verhaltensweisen – das ist wichtig zu betonen! Es gibt auch keine Entschuldigung für zugefügtes Leid und keinen Freifahrtschein für zukünftiges verletzendes oder missbrauchendes Verhalten.

Dennoch kann sich die Wertung für den Betroffenen und Außenstehende verändern – auch wenn das Verhalten das Gleiche bleibt. Uns kann es leichter gelingen, weniger zu werten. Nicht, indem wir sagen: »*Schon in Ordnung, du hattest ja deine Gründe und darfst wieder fremdgehen.*« Sondern vielmehr, indem wir uns die Frage stellen: »*Wie kam es, dass du dich genau so verhalten hast?*« Den Punkt, an dem man bereit ist, seine Wertungen bezüglich eines Verhaltens seines Partners zu verändern und den Punkt, an dem man das Verhalten des anderen nicht mehr akzeptieren möchte, darf jeder selbst herausfinden und bestimmen.

Simone hätte, wenn sie anders von ihren Eltern begleitet worden wäre, vielleicht keine Affäre gebraucht, um ihre Gefühlslage zu stabilisieren. Wenn Manfred selbst nicht geschlagen worden wäre und er Verhaltensweisen hätte erlernen können, mit Frust und Enttäuschung umzugehen, wäre möglicherweise körperliche Gewalt etwas Fremdes für ihn. Wäre eine gute Eltern-Sohn-Beziehung und ein geschütztes, liebevolles Aufwachsen in der Familie von Enzo möglich gewesen, dann wäre Nähe wohl keine Gefahr für ihn.

Die Einblicke in diese biografischen Zusammenhänge können uns dabei helfen, die Sicht und Haltung zum Geschehenen zu verändern. Damit wir das Geschehen nicht automatisch auf uns beziehen und die Ursache ausschließlich bei uns suchen. Der andere hat eben auch seine Geschichte. So kann der Blick auf den Gewinn und Preis entlastend sein, damit wir andere und insbesondere uns selbst besser annehmen können. Aufpassen sollten wir an dieser Stelle, dass wir nicht die Therapeutenrolle einnehmen und unseren Partner ohne sein Einverständnis auf Ursachen aus seiner Kindheit hinweisen.

Zum Nachdenken und Reflektieren: Wenn ich du wäre ...

Es gibt eine weitere Perspektive, um andere Menschen und deren Verhalten tiefer zu verstehen und damit anders zu bewerten. Diese Perspektive einzunehmen, kann Zeit benötigen. Stell dir vor, du wärst dein Gegenüber: Du hättest seine Geschichte erfahren, wärst in seinem Körper, hättest seine Eltern und all seine Erfahrungen gemacht. Du wärst nicht du, sondern zu 100 Prozent dein Gegenüber. Und dann stellst du dir die Frage: »Wenn ich mein Gegenüber wäre, würde ich mich dann nicht genau gleich verhalten?«

Was ist deine Antwort? Glaubst du, du würdest dich verhalten wie sie oder er? Oder wärst du anders? Wir denken bei diesem Gedankenexperiment häufig: »Wenn ich mein Gegenüber wäre, hätte ich es anders gemacht oder gedacht.« Weil wir unsere eigene Perspektive und Lebensgeschichte, Moral und Einstellung mit einbeziehen. Genau das ist der Knackpunkt: Den eigenen Blick gäbe es ja nicht, wenn du dein Gegenüber wärst. All deine eigenen Ideale, Erlebnisse und Wertungen wären nicht vorhanden – du hättest nur die deines Gegenübers.

Ich persönlich finde dieses Gedankenexperiment sowohl befreiend als auch herausfordernd. Sobald mir dieser Perspektivwechsel gelingt, fällt es mir leichter, andere Menschen so anzunehmen, wie sie sind.

Zum Nachdenken und Reflektieren #2: Was ist das Wesentliche aus diesem Kapitel?

Wenn ich dieses Kapitel zusammenfassen müsste, würde ich Folgendes sagen: Jedes Verhalten hat Gründe. Wenn wir dies verstehen, wird es uns leichterfallen, uns und andere Menschen anzunehmen beziehungsweise in einen Veränderungsprozess zu gelangen.

Was nimmst du mit aus diesem Kapitel? Ist es ein bestimmter Gedanke, Impuls, eine Erinnerung oder eine Erkenntnis? Gibt es Verhaltensweisen, die du bei dir oder anderen besser verstehst? Gibt es etwas, was du dir vornimmst?

7) Alle haben immer recht

Unsere Prägungen und unser Charakter führen dazu, dass wir bestimmte Meinungen und Vorlieben haben. Diese treffen auf die Meinungen und Vorlieben des Partners. Mit allen Konsequenzen, vor allem in der Kommunikation. Meist wollen wir nur verstanden werden, doch leider bleibt dieses Bedürfnis häufig unerfüllt. Wie das dennoch möglich sein kann, wenn zwei unterschiedliche Menschen und Meinungen aufeinandertreffen, darum geht es in diesem Abschnitt.

Wer hat recht? Wer hat Schuld? Wer kapiert es nicht oder ist »saublöd«? Wer hat eine verzerrte oder gar falsche Wahrnehmung? Diese Fragen begegnen uns ständig. In meiner Arbeit oft gepaart mit der Bitte, dass ich als »Richter« fungieren und über Recht und Unrecht entscheiden solle. Steht mir das zu, zu urteilen? Als Paartherapeut auf jeden Fall nicht! Und auch nicht als Privatperson. Dennoch kenne ich es selbst aus meinem Leben, dass ich mich im Recht fühle oder einer anderen Person recht gebe, wenn sie mir von einer Begebenheit erzählt.

Bevor wir uns das näher anschauen, möchte ich dir eine Kurzgeschichte erzählen, die ich irgendwann einmal aufgeschnappt habe:

An einem schönen Tag im Herbst treffen sich eine Deut-
sche, eine 79-jährige Äthiopierin und ein naturverbun-
dener Inuit im Bayerischen Wald. Die Sonne scheint bei

19 Grad. Nach einer Weile lenkt die Deutsche das Gesprächsthema auf das schöne Wetter. Sie erzählt den beiden anderen, wie angenehm sie das Wetter und die Temperatur findet und wie sie der Tag erfreut. Die Frau aus Äthiopien fröstelt ein wenig und ist glücklich darüber, dass sie noch eine lange Jacke mitgenommen hat und lässt die anderen von ihrer Empfindung wissen. Lachend zieht sich der Inuit aus Grönland seinen Pulli aus und wischt sich kleine Schweißperlen von der Stirn: »So warm war es mir schon lange nicht mehr!«

Wer von den dreien hat nun recht mit seiner Meinung? Die Deutsche, weil sie das Wetter als genau richtig empfindet? Oder die Frau aus Äthiopien, weil sie über die meiste Lebenserfahrung verfügt? Oder der Inuit, weil er bereits seit der Geburt ausschließlich in der Natur lebt und somit die tiefste Verbindung zu ihr hat? Du kannst es dir sicherlich denken: Alle haben recht. Der Äthiopierin ist es zu kalt – mit dieser Wahrnehmung hat sie recht. Der Inuit schwitzt, mit dieser Wahrnehmung hat er ebenso recht. Und für die Frau aus Hamburg ist es angenehm, sie hat ebenfalls recht. Demnach jeder für sich selbst!

In diesem Beispiel ist es gut nachvollziehbar, dass alle richtigliegen – jeder aus seiner Perspektive. Und dennoch kracht es in vielen Partnerschaften und anderen zwischenmenschlichen Beziehungen häufig wegen Rechthaberei. Vor allem bei Konflikten rückt das Wissen um diese unterschiedlichen Perspektiven schnell in den Hintergrund und viele Gespräche hören sich dann so ähnlich an wie dieses Beispiel aus meiner Praxis:

Judith und Ralph. Beide Anfang 40, »Gewinnertypen«, gebildet, gut aussehend, sportlich, erfolgreich im Beruf. Und auch erfolgreich darin, aneinander vorbeizureden und in einen kommunikativen »Kampfmodus« zu gelangen – darin sind sie echte Profis. Auf dem Nachhauseweg in ihrem neuen Tesla X, sie waren auf einer Geburtstagsfeier des neuen Vorstandskollegen, zeigen beide ihr gesamtes Können:

- Judith: *»Deine neue Kollegin war ja mal ganz schön scharf auf dich!«*

- Ralph: *»Wer?«*

- Judith: *»Ja die große Brünette mit dem gewagten lila Kleid und den komischen Ohrringen. Also ich würde mich nicht trauen, so etwas zu einem beruflichen Treffen zu tragen.«*

- Ralph: *»Das war doch gar kein berufliches Treffen, es war die private Geburtstagsfeier von Marco.«*

- Judith: *»Ja, aber doch nur mit Kollegen, also beruflicher Natur.«*

- Ralph: *»Nein das stimmt nicht. Es waren nur zwölf oder dreizehn Kollegen da und bestimmt auch acht oder neun Freude von ihm.«*

- Judith: *»Ja, aber die Mehrheit war aus dem beruflichen Umfeld ...«*

- Ralph: *»Es war eine private Feier, wir haben nicht über den Beruf gesprochen.«*

- Judith: »*Das stimmt nicht! Du hast mit dem einen Kollegen über euren chinesischen Mandanten gelästert und mit der Frau mit dem lila Kleid ging es ebenfalls um euren Job!*«

- Ralph: »*Was? Das stimmt doch gar nicht!*«

- Judith: »*Doch!*«

- Ralph: »*Nein, mit ihr habe ich, ähm …*«

- Judith: »*Sag ich doch, ihr habt geflirtet.*«

- Ralph: »*Ich hab mit ihr über Vor- und Nachteile von XING gesprochen.*«

- Judith: »*Sag ich doch, ihr habt über Berufliches gesprochen!*«

- Ralph: »*Oh Mann, du kapierst es einfach nicht. Das war nicht über unsere Kanzlei.*«

- Judith: »*Aber beruflich. XING ist eine Karriereplattform und kein Facebook.*«

- Ralph: »*Ja. Aber du meintest, dass es ein berufliches Treffen war und das war es nicht. Und übrigens ist die nicht scharf auf mich!*«

- Judith: »*Du hast da einfach keinen Blick dafür. Das sehen nur wir Frauen!*«

Das könnte ewig so weitergehen. Es geht hierbei nur ums Rechthaben und nicht mehr um die Sache. Es ist mehr Kampf als Austausch. Recht haben verhindert Beziehung, wie hier zwischen Ralph und Judith. Beide fühlen sich nach dem Gespräch sicherlich nicht verbundener als vorher.

Die eigene Wahrnehmung ist zunächst immer die richtige, das ist soweit unproblematisch und wichtig zu verstehen. Der Fehler liegt nicht in der eigenen falschen Wahrnehmung. Ralph hat für sich recht und Judith für sich. Wie kann es auch anders sein: Wenn ein Mensch etwas auf bestimmte Weise wahrnimmt, fühlt oder sich so erinnert, dann ist es für ihn genau so. Wenn mir keine Schokolade schmeckt, dann habe ich damit recht. Selbst wenn wohl 99,9 Prozent aller Menschen Schokolade mögen.

Wie wir um unsere Wahrnehmung kämpfen

Konfliktreich wird es meist dann, wenn wir wollen, dass unsere Wahrheit (unsere Wahrnehmung, Gedanken, Gefühle, Erinnerungen, Geschmack etc.) ebenso für unser Gegenüber gilt. Und ich mein Gegenüber von meiner Ansicht als richtige oder allgemeingültige überzeugen möchte und ihm seine nicht lasse. Mögliche Strategien sind dabei:

- Person A versucht, Person B deren Meinung wegzunehmen: Wenn uns jemand etwas wegnehmen möchte, das wir gernhaben, dann gehen wir in Verteidigung oder führen einen Gegenangriff aus.

- Person A stülpt Person B ihre eigene Meinung über: Wenn uns jemand etwas gibt, das wir nicht möchten, schützen wir uns, wehren das Ungeliebte ab oder machen uns aus dem Staub.

- Person A macht sich über die Wahrnehmung von Person B lustig: Wenn uns jemand auslacht oder nicht ernst nimmt, dann rechtfertigen wir uns, kämpfen oder ziehen uns zurück.

Sobald unser Gegenüber unsere Wahrnehmung verneint, lächerlich macht oder uns wegnimmt, wehren wir uns. Innerlich oder sichtbar nach außen: Wir fühlen uns unverstanden, angegriffen oder sogar verletzt. Meist tappen wir dann jedoch in die gleiche Falle: Wir versuchen, dem anderen unsere Wahrheit beizubringen, oft mit den gleichen Mitteln. »Vielleicht erkennt er dann, dass ich recht habe und versteht mich endlich!« So versuchen wir, mit Argumenten unser Gegenüber zu überzeugen, mal ruhig, mal emotional, mal aggressiv … Und dann geht es hin und her und keine Lösung ist in Sicht. Weil ja vermeintlich einer seine Wahrheit aufgeben müsste, damit wieder Frieden einkehren kann. Doch warum sollte ich meine eigene Wahrnehmung verleugnen? Beide Seiten sind dann nicht interessiert, nicht wertschätzend und nicht verständnisvoll.

Die Perspektivübernahme ist für uns Menschen grundlegend nicht leicht, denn sie kostet Energie. Besonders unter Zeitdruck ist ein Perspektivwechsel kaum möglich. Es liegt in unserer Natur, dass uns dies schwerfällt.

Veränderungsimpulse: Wie Veränderung in deinem Leben möglich sein kann

Wie aber kann man aus diesem Teufelskreis herauskommen? Zum einen kann es ja vorkommen, dass ich durch die Erzählungen meines Gegenübers meine eigene Sichtweise verändere – weil beispielsweise neue Informationen hinzukommen. Wenn das jedoch noch nicht die Lösung darstellt, im Folgenden einige Ideen zur Umsetzung bei »Rechthabe-Situationen«:

1) Wissen

Die Basis ist es, sich bewusst zu machen, dass jeder in seiner Realität recht hat. Das ist Toleranz. Darüber hinaus hilft das Wissen, dass mir andere Menschen nie ihre Meinung und Wahrnehmung überstülpen oder mir meine wegnehmen können. Das geht nicht! Es ist meine Entscheidung, ob ich sie mir überstülpen oder wegnehmen lasse.

2) Interesse

Im nächsten Schritt hilft es, mich für die Wahrheit meines Gegenübers zu interessieren, zum Beispiel mit der Frage: »*Wie hast du es denn wahrgenommen?*« Ich selbst muss meine eigene Wahrnehmung dabei nicht aufgeben. Beide dürfen nebeneinander existieren.

3) Akzeptanz

Kenne ich die Beschreibung und das Erleben des anderen, akzeptiere ich diese und lasse sie ohne ein »*Aber*« stehen. »*Ah okay, so hast du es erlebt ...*« Vielleicht habe ich eine Rückfrage; ein Gegenargument wäre schon wieder keine Akzeptanz. Ein wirkliches Verstehen ist demnach noch mehr als Toleranz.

4) Mitteilung der eigenen Realität

Im letzten Schritt teile ich meinem Gegenüber meine Wahrnehmung mit, nicht als Ersatz für seine, sondern als zweite, gleichberechtigte Wahrheit. »*So und so habe ich es erlebt ...*« Dann stehen zwei Wahrnehmungen gleichrangig nebeneinander. Die Wahrscheinlichkeit, dass man um seine Meinung kämpfen wird oder sich rechtfertigen muss, ist in der Folge gering. Häufig ist das bereits die Lösung: Man fühlt sich vom anderen verstanden und ernst genommen. Eigentlich ganz einfach. Und gleichzeitig doch so schwer umzusetzen. Vor allem, wenn sich das Gespräch bereits emotional aufgeladen hat. Es gilt mal wieder: Durchatmen und üben, üben, üben. Und dem Partner Vorbild sein. Zudem kann der eigene Standpunkt durch den offenen Austausch bereichert werden – für beide Beteiligte.

Wenn diese Veränderungsimpulse noch keine Lösung bei alltäglichen Interessenskonflikten darstellen

Der oben beschrieben Umgang mit unterschiedlichen Wahrnehmungen bedeutet nicht zwangsläufig die Lösung praktischer Konflikte. Die Offenheit für die Realität des Gegenübers kann eine andere Grundstimmung und damit leichtere Kompromissfindung ermöglichen. Doch die Entscheidung, ob man den Urlaub am Meer oder in den Bergen verbringt, ist damit noch nicht gelöst. In diesem Beispiel könnte das bedeuten, die Zeit halb im Gebirge, halb am Meer zu verbringen, getrennt zu verreisen oder den Urlaub in diesem Jahr am Meer und im nächsten in der Natur zu verbringen.

Realistisch betrachtet wird es keinem Paar dauerhaft gelingen, stets die gleichen Bedürfnisse zu haben. In meiner Praxis habe ich es als sehr hilfreich erlebt, wenn Paare den Gedanken loslassen können, alles zusammen machen zu müssen.

Hilfreich kann es sein, dem Partner etwas zu schenken, ähnlich dem Verhalten in der Verliebtheitsphase. In dieser Zeit machen wir gerne alles für den anderen, sind tolerant, interessiert und kompromissbereit. Zugegeben, in dieser Phase fühlt sich das nicht nach einem Investment und Einsatz an. Doch der Mechanismus ist selbst in langjährigen Partnerschaften ähnlich: Wenn wir Dinge für unseren Partner machen, eben beispielsweise nach Griechenland fahren, kann es gut sein, dass sich unser Partner unser Verhalten zum Vorbild nimmt und bei Gelegenheit etwas für uns macht. Wir sollten aber keine Gegenleistung erwarten. Damit wäre es kein Geschenk mehr, sondern ein mit uns selbst geschlossener Tauschhandel, von dem der Partner jedoch nichts weiß.

Zum Nachdenken und Reflektieren: Was ist das Wesentliche aus diesem Kapitel?

Wenn ich dieses Kapitel zusammenfassen müsste, würde ich Folgendes sagen: Du hast immer recht, so wie alle anderen auch. Das Verstehen und die Annahme meines Gegenübers ist für eine gute Kommunikation wichtiger als das Ringen um die einzige Wahrheit.

Was nimmst du mit aus diesem Kapitel? Ist es ein bestimmter Gedanke, Impuls, eine Erinnerung oder eine Erkenntnis? Möchtest du dich zukünftig bei Auseinandersetzungen anders verhalten? Gibt es etwas, was du dir vornimmst?

8) Nur das, was du annimmst, kann sich verändern

Ständige Reflexionen, Erkenntnisse und dazu noch die eigene Lebensgeschichte ... Es ging bisher ständig um Selbstverantwortung. Ja, Selbstverantwortung heißt, auf sich selbst zu schauen. Das habe ich dir in diesem Buch direkt »zugemutet«. So haben wir uns weniger den Fähigkeiten und Ressourcen zugewandt, sondern mehr den Verletzungen und Unzulänglichkeiten. Wahrscheinlich wurdest du beim Lesen immer wieder mit Anteilen, Verhaltensweisen oder Mustern von dir konfrontiert, die du nicht im Schaufenster ausstellen würdest. Manche Gedanken haben sicherlich zu dem ein oder anderen unliebsamen Gefühl geführt.

In diesem Abschnitt geht es um die Annahme von uns als Menschen und die Annahme von Anteilen in uns. Und warum die liebevolle Zuwendung von vermeintlich blöden, destruktiven oder unangenehmen Anteilen meist die Voraussetzung für Veränderung ist.

Schon gewusst? Innere Widerstände

Wenn es ans »Eingemachte« geht, der Selbstwert bedroht wird oder wir beispielsweise Angst, Scham oder Schuld vermeiden möchten, dann meldet sich häufig ein Widerstands-Anteil in uns. Er möchte etwas vermeiden. Was in dem Moment für diesen Anteil richtig und wichtig ist. Du erinnerst dich vielleicht an das

---

Kapitel »*Jedes Verhalten ergibt Sinn*«? Es geht demnach nicht darum, gegen den Widerstand anzukämpfen, sondern ihn im ersten Schritt wahrzunehmen.

In der therapeutischen Arbeit sagt man häufig: Hinter Vermeidungsmechanismen und Widerständen befindet sich oft etwas Wichtiges, manchmal bereits die Lösung. Wie hinter einem gut gesicherten Tor, hinter dem ein noch unsichtbarer Schatz verborgen liegt. Vielleicht, so die häufige therapeutische Erfahrung, benötigt der Klient mehr Zeit, bis er bereit ist, sich mit dem Thema hinter dem Tor zu befassen. Und es bedarf der Unterstützung des Therapeuten, ohne Eile und in dem Tempo der Seele des Klienten zu gehen.

Daher die Anregung: Immer, wenn du Widerstand in dir spürst, dann nimm ihn wahr. Du wirst in dir nicht etwas verändern, indem du vielleicht das Verhalten anderer oder einen Gedanken von mir in diesem Buch ablehnst. Sondern indem du dich selbst wahrnimmst und verstehst, was dich daran hindert, der Sache zumindest mit Offenheit und Interesse zu begegnen. Wird in dem Moment etwas bedroht? Käme Angst oder Scham zum Vorschein, wenn an der Aussage ein Funken Wahrheit wäre? Wenn du den Widerstand wahrnimmst, bist du bereits nah an der Lösung. Dabei geht es auch nicht darum, ob ich mit meiner Meinung richtigliege oder du mit deiner, es geht lediglich um die Reaktion in dir. Das Außen ist nur ein Trigger.

Bei aller Eigenverantwortung und Konfrontation mit uns selbst könnten wir zu der Schlussfolgerung gelangen, dass wir noch nicht »gut« sind, dass uns noch vieles fehlt, dass wir Defizite haben. Das wäre die eine Sicht. Die andere wäre: Du bist genau so in Ordnung, wie du bist, es fehlt nichts und nichts ist fehlerhaft. Genau jetzt. Wenn du so denken und fühlen würdest, würdest du dich annehmen. Mit allen Fähigkeiten, allen Unzulänglichkeiten, mit allem, was du bist und kannst und all dem, was du noch erlernen und entwickeln darfst. Genau darum geht es in diesem Kapitel: um Annahme. Auch hierzu gibt es eine Geschichte. Du erinnerst dich bestimmt noch an Natalie aus dem ersten Kapitel, der jungen Frau mit Verlustängsten. Sie macht sich nach den Angstattacken viele Vorwürfe:

Warum bin ich so!? Warum kann ich nicht so sein wie die anderen? So vertreibe ich doch früher oder später jeden Mann …

Ehe wir der Geschichte weiter folgen, noch eine andere:

Holger mag sich gerade gar nicht. Er, das Alphamännchen schlechthin, hat Trennungsschmerz. Der Schmerz ist unerträglich und mittlerweile helfen nicht mal mehr die drei großen »A«: Arbeit, Aktienhandel und Alkohol. Seine Angestellten schauen ihn schon komisch an, mit seinen XXL-Augenringen und dem fluchtartigen Verlassen bei Besprechungen. So schwach kann er sich nicht leiden. Kann dieser Schmerz nicht einfach verschwinden? »Gibt's da nichts von Ratiopharm?«, fragt sich Holger. Nein, er beklagt sich! Über Ratiopharm und sich selbst.

Natalie und Holger werfen sich selbst etwas vor und lehnen bestimmte Anteile ab: Natalie den Sicherheits- und Angstanteil und Holger den traurigen und »schwachen« Anteil in sich. Natalie grübelt und hat den halben Tag ein schlechtes Gewissen. Und Holger hat eine Wut im Bauch. Eine Wut gegen sich und seine Gefühlswelt, wie er nur so schwach sein kann. Damit stehen die beiden nicht alleine da. Wir Menschen sind oft wahre Experten darin, uns selbst zu kritisieren und abzuwerten. Ob im Kleinen oder Großen. Was wir oft mit uns selbst machen:

• Wir tragen Schuldgefühle mit uns herum.

• Wir mögen uns oder Anteile von uns nicht.

• Wir kritisieren unser Verhalten.

• Wir wären gerne anders.

• Wir könnten gerne mehr.

Wir lehnen uns ab, so wie wir sind. Doch wir lehnen nicht nur uns ab, sondern auch andere Menschen: unsere Eltern, unsere Partner, Kollegen oder Freunde. Und ärgern uns über Umstände und Situationen: das quietschende Bett, den starken Regen oder die lange Lieferzeit des Pizzaservice. Wir sind folglich häufig im Widerstand gegen das, was ist. Gegen die Realität. Das Dumme daran: Gegen die Realität hat noch niemand gewonnen und somit auch nicht gegen sich selbst. Weil ja alles in einem selbst ist und man es überallhin mitnimmt. Unterdrücken gelingt nur für eine gewisse Zeit. »Ich bin dann mal weg«, hilft leider nicht.

Der Therapeut Werner Bock hat zu diesem Thema Folgendes gesagt: »*Was ist, darf sein, und was sein darf, kann sich verändern.*« Die Dinge, die wir in und an uns ablehnen und bekämpfen, werden sich nur schwer verändern oder auflösen. Sondern vielmehr das, was wir lernen anzunehmen. In erster Linie bei uns. Mit externen Dingen wird das nicht jederzeit gelingen. Wenn ich den Regen annehme, wird es nicht sofort aufhören zu regnen; doch meine innere Zufriedenheitsskala kann sich zum Positiven verändern. Ich bin dann nicht mehr im Widerstand. So ist es auch bei uns selbst: Wenn wir lernen, uns oder Anteile und Eigenschaften von uns anzunehmen, werden Veränderungsschritte möglich und passieren manchmal ganz spontan. Häufig übernehmen wir das Verhalten der Eltern:

»*... die Qualität der ersten Beziehungen bildet die Basis für spätere Beziehungen und prägt das Verhalten und die Einstellung des Kindes zu anderen Menschen, aber auch zu sich selbst. So, wie der Mensch auf der Welt angenommen oder abgelehnt wird, so wird er sich später selbst annehmen oder ablehnen.*« Bärbel Wardetzki

Es geht um die wahrhaftige Haltung sich selbst gegenüber. Eine ehrliche und vorurteilsfreie Annahme; genau so, wie ich in diesem Moment bin. Annahme heißt allerdings nicht, dass ich im Leben stehenbleibe und mich nicht entwickeln möchte. Ich kann dennoch das Ziel haben, manche Themen loszulassen, manche Dinge zu lernen und anders mit bestimmten Situationen umzugehen.

Wichtig dabei: Es geht nicht um die Akzeptanz von externen Missständen. Selbstverständlich geht es nicht darum, körperliche oder seelische Gewalt des Partners anzunehmen oder sexistische Sprüche oder systematische Ausgrenzung in der Arbeit. Wann ein Missstand ein Missstand ist, liegt auch an der individuellen Bewertung. Hier in diesem Kapitel geht es mir vor allem um die Annahme – und Mitgefühl uns selbst gegenüber. Schauen wir nochmals zu den zwei Geschichten:

Nachdem Natalie in der Therapie die Ursachen und Hintergründe für ihr eigenes angstvolles Verhalten verstand, veränderte sich vieles. Sie erkannte Stück für Stück, dass sie nicht zu blöd war, dass ihr Verhalten eine wichtige Aufgabe übernahm und dass andere Menschen sich mit dieser Vorgeschichte wohl selbst so verhalten hätten. Es kehrte ein innerer Frieden in ihr ein. Sie erkannte, dass ihr Verhalten einen Sinn ergab und sie konnte sich mehr und mehr annehmen: »Ich bin in Ordnung.« Dies war auch die Voraussetzung, dass Veränderung geschehen konnte. Natalie lernte diesen Anteil langsam anzunehmen, lieb zu haben. Weil er viel für sie übernommen hat und das immer noch macht. Insbesondere als sie ein Kind war, war dieser Anteil überlebenswichtig. Annahme hieß bei ihr jedoch nicht Stillstand und lebenslange Akzeptanz. Natalie wollte lernen, sich selbst mehr zu vertrauen, den verletzten Anteil zu heilen und zu integrieren sowie selbstständiger zu werden. Damit der Anteil diesen Prozess mitmachen kann, möchte er zuallererst Wertschätzung und Dankbarkeit für seine oft überlebenswichtigen Dienste erfahren.

Holger kämpfte lange gegen seine Trauer und seinen Trennungsschmerz. Seine Energie investierte er gegen den Schmerz. Also gegen sich selbst. Ohne den erhofften Erfolg. Denn er bekämpfte die Realität und einen Anteil, der eigentlich gut für ihn war. Doch so konnte es Holger anfangs nicht sehen. In Gesprächen erkannte er, dass die Trauer nichts Schlechtes und nicht gegen ihn gerichtet ist. Die Trauer wollte »nur« da sein dürfen, so wie alle anderen Gefühle auch. Sie wollte wahrgenommen werden. Schon jahrelang. Doch nie hatte Holger der Trauer Raum gegeben. Nicht beim Tod seines Vaters und nicht beim plötzlichen Ende seiner wichtigsten Freundschaft mit Michael. Jetzt, nachdem ihn seine Frau wegen eines anderen verlassen hat, darf sie endlich da sein, die Trauer. Und all die nicht ausgedrückten Tränen und der nicht gelebte Schmerz aus seinem gesamten Leben. Sie schließen sich dem aktuellen Schmerz an! Für Holger nicht die freudigste Zeit und dennoch so wichtig. Selbst wenn weiche und schwache Gefühle nicht richtig zu einem Alphamann passen, lernte Holger, die Trauer anzunehmen und in seiner eigenen Art und Weise auszudrücken.

Annahme ist in vielen Lebensbereichen die Voraussetzung für nachhaltige und authentische Veränderung. Zu erkennen, was bestimmte Anteile für uns gemacht haben, wie sie uns als Kind durchs Leben trugen und schützten, ist eine wichtige, hilfreiche und heilende Erkenntnis. Manchmal findet man das selbst heraus, manchmal gelingt das nur mit anderen Menschen oder in einer Therapie. Sobald du erkannt hast, dass du gute Gründe hattest oder hast, dich entsprechend zu verhalten, kannst du die Verantwortung für dich und dein Tun viel leichter übernehmen!

Es gibt ein schönes Nebenprodukt der Annahme von sich selbst: Je mehr wir uns ablehnen und bekämpfen, desto wahrscheinlicher machen wir das Gleiche mit unseren Mitmenschen. Und andersherum. So erging es auch Natalie und Holger. Zumindest konnten sie bei sich beobachten, dass sie seither anderen Menschen immer häufiger mit weniger Ablehnung begegnen.

Zum Nachdenken und Reflektieren: Was ist das Wesentliche aus diesem Kapitel?

Wie geht es dir mit dir im Allgemeinen oder mit bestimmten Anteilen? Welche magst du, welche nicht? Nimm dir ein paar Minuten, um zu reflektieren oder aufzuschreiben, was du an dir annimmst und was nicht. Gibt es etwas, was du schon dein Leben lang magst oder eben nicht? Ist es dir schon einmal gelungen, Ablehnung in Annahme zu verwandeln? Wenn ja: Wie ist dir das gelungen und hast du davon profitiert?

Wenn ich dieses Kapitel zusammenfassen müsste, würde ich Folgendes sagen: Annahme kann das Leben verändern, weil wir raus aus dem Kampf gegen uns oder Anteile in uns kommen – und damit Veränderung möglich wird.

Was nimmst du mit aus diesem Kapitel? Ist es ein bestimmter Gedanke, Impuls, eine Erinnerung oder eine Erkenntnis? Gibt es etwas, was du dir vornimmst?

9) Nimm dich selbst so wichtig, dass die Welt etwas von dir hat

Die Beziehung zu uns selbst ist die wichtigste, die wir im Leben haben können. Aufbauend darauf, wie wir in Kontakt mit uns stehen, wie wir uns annehmen oder ablehnen, wie wir auf unsere Bedürfnisse hören, ob wir das Leben leben, das unseres ist, zeigen sich alle Beziehungen zu anderen Menschen. So spiegelt jede Beziehung zu anderen immer die Beziehung zu dir selbst! Du hast es demnach in der Hand, wie die Qualität deiner zwischenmenschlichen Beziehungen ist. Indem du bei dir selbst anfängst. Alles andere folgt darauf völlig automatisch.

Dich erwartet in diesem Abschnitt der Blick auf dich, zum Beispiel, wie es dir gelingen kann, gut mit dir selbst umzugehen, Grenzen zu setzen und mit deinen Kräften hauszuhalten. In jedem vorherigen Kapitel ging es direkt oder indirekt um die Beziehung zu dir selbst. Zu Beginn die Beziehung zwischen dir und deinen Eltern; der Basis, wie du mit dir selbst in Beziehung gehst. Gefolgt von verschiedenen Blickwinkeln auf die Beziehung zu dir selbst; der Selbstverantwortung für Gefühle, dem Gedanken »Jedes Verhalten ergibt Sinn«, oder der Selbstannahme. Auch die Übung mit den Briefen diente der Beziehung zu dir. Solange die Beziehung zu den Eltern ungelöst ist, ist es schwieriger, mit sich ins Reine zu kommen. Da man dann etwas Altes mit sich trägt. Frei machen vor allem Annahme und Dankbarkeit.

Es gibt ein wunderbares Bild, das uns im täglichen Leben unterstützen kann, an uns selbst zu denken: das Brunnenbild. Dieses Bildnis kann uns als Gedankenstütze bei großen und kleinen Entscheidungen helfen.

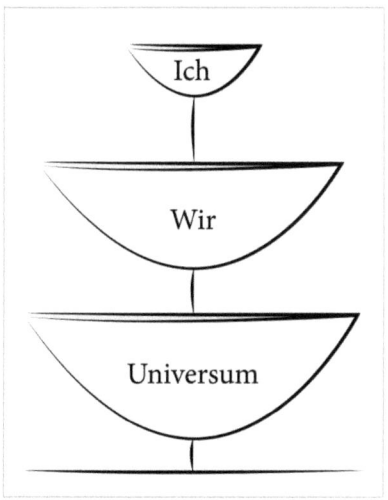

Du kennst sicherlich die römischen Brunnen. Die Römer, so die Überlieferung, haben sich dabei etwas gedacht: Die obere Schale steht für das *Ich*, also die Sicht aus der eigenen Perspektive. Die mittlere Schale steht für das *Wir*, die Gemeinschaft, und die untere steht für das gesamte *Universum*. Ein Gedanke, der dahintersteht: Erst wenn die obere Schale mit Wasser gefüllt ist, kann sie überfließen und etwas an die mittlere weitergeben. Ist die obere Schale leer, wird sie nichts abgeben können. Wir können auch anstelle von Wasser von Energie oder Kraft sprechen.

Wenn wenig oder nichts mehr aus der Schale zu
schöpfen ist, dann folgt die Erschöpfung. Das Wort
ErSCHÖPFung macht es deutlich: Es ist nichts mehr
da, was es zu schöpfen gibt. Wenn wir erschöpft sind,
dann können wir zwangsläufig nichts oder weitaus
weniger an andere weitergeben, als wenn wir in unserer
Kraft stehen und voller Energie sind.

Die Schale wird realistisch betrachtet niemals durch das
gesamte Leben bis zum Rand gefüllt sein und jederzeit
die gleiche Höhe aufweisen. Leben bedeutet Veränderung, und somit ist sie mal voller und mal leerer. Bei
manchen Menschen ist sie tendenziell leerer, dazu
gehören häufig Menschen mit depressiven Zügen.

Andere hingegen achten gut auf ihre Schale und geben vor allem dann etwas ab, wenn sie gefüllt ist.

Wir glauben oft, dass wir egoistisch handeln, wenn wir *Nein* sagen, Grenzen ziehen und auf uns und unsere Bedürfnisse achten. Oder andere bewerten uns danach, wie wir unser Wohl im Blick haben und nicht deren. Vielleicht verändert sich dein Blick mit dem Bild des Brunnens. Mir gefällt die Aussage dazu sehr gut: »*Nimm dich selbst so wichtig, dass die Welt etwas von dir hat!*« Das ist kein Egoismus, sondern gesunde Selbstliebe und Selbstfürsorge. Wenn es dir gut geht, dann kannst du gar nicht anders, als für andere da zu sein, deine Schale kann überfließen. Wenn nicht viel drin ist, wird es dir schwerfallen oder nur für einen kürzeren Zeitraum möglich sein, immer wieder etwas abzugeben. Ein praktisches Beispiel aus unserem Alltagsleben: Im Flugzeug erhalten alle Fluggäste den Hinweis, dass sie im Falle eines Druckverlustes erst sich selbst die Sauerstoffmaske aufsetzen sollen und dann Kindern. Das ist ebenfalls nicht egoistisch, sondern für alle von Nutzen.

Eine hilfreiche Frage, die du dir stets vor Entscheidungen stellen kannst, besteht aus nur drei Worten: »*Was will ich?*« Eine simple Frage mit großer Wirkung. Wenn du dich danach richtest, kannst du Entscheidungen im Sinne deiner Schale fällen.

Wenn wir uns im Leben an dem Schalenmodell orientieren, bedeutet das nicht zwangsläufig, nichts mehr zu geben. Denn das Geben kann ebenso eine große Ressource sein. Ist meine eigene Schale momentan nicht gefüllt und ich gebe dennoch etwas an andere, wird sie vielleicht genau dadurch voller – und ich zufriedener. Denken wir beispielsweise an die Menschen, die sich sozial besonders engagieren und sich scheinbar an eine Sache verlieren: Obwohl sie sehr viel geben, wird ihre Schale dadurch nicht geleert.

Wie der Brunnen für Paare und Familien aussieht

Für Paare habe ich eine abgewandelte Form dieses Brunnens kreiert: Jeder Partner hat seine eigene Schale, darunter befindet sich die Paarschale und ganz unten die Familienschale – sofern Kinder vorhanden sind. Es liegt auf der Hand, dass die Paarbeziehung negativ beeinflusst wird, wenn eine oder beide Individualschalen leer sind. Die Paarschale speist sich ja aus den beiden Individual-schalen.

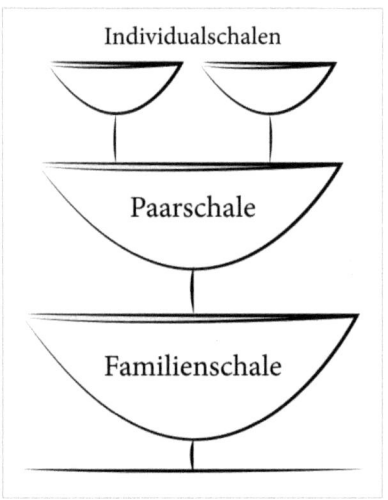

Schwierig wird es dann, wenn einer der Partner vom anderen erwartet, er müsse dessen Schale füllen. Dann geben wir die Verantwortung ab. Wir können erwarten, dass unser Partner seine 50 Prozent in die Paarschale investiert, jedoch nicht, dass er unsere Individualschale füllt. Häufig geben wir ihm jedoch – bewusst oder unbewusst – die Aufgabe, für unser Glück und unsere Zufriedenheit zu sorgen. Dahinter steht meist die kindliche Sehnsucht oder ein Mangel.

Mit der Familienschale verhält es sich ähnlich: Diese speist sich aus der Paarschale. Häufig drehen Eltern die Reihenfolge der Schalen des Brunnens um: Die Kinder kommen an die oberste Stelle und irgendwann folgen dann die Paar- oder Individualschalen. Es ist selbstverständlich wichtig, Zeit für die Kinder zu haben, sie zu begleiten, präsent zu sein und in Liebe zu handeln.

Wenn Kinder feststellen, dass es Mangelerscheinungen oder andere Schwierigkeiten in einer oder beiden Individualschalen oder in der Paarschale gibt, dann übernehmen Kinder automatisch und unbewusst Aufgaben, die sie gar nicht übernehmen sollten.

Kinder möchten die Eltern stabilisieren, um Anerkennung, Schutz und Überlebenssicherheit zu erhalten. Nach dem Motto: Wenn es der Mutter und dem Vater gut geht, dann wird es mir auch gut gehen. Sie passen sich den Gegebenheiten an und geben Fürsorge, um selbst Fürsorge zu erhalten und versuchen, die Schalen der Eltern zu füllen. Das heißt: Je besser es den Eltern geht, desto weniger müssen sich die Kinder um die Eltern kümmern – und sie können Kinder sein.

So haben Kinder dann am meisten von ihren Eltern, wenn diese eine glückliche Paarbeziehung leben. Und das gelingt am besten, wenn sie mit ihrer Individual- schale zufrieden sind und diese voll ist. Dann kann Liebe von oben nach unten fließen. Selbst ein glückli- ches Leben zu leben, ist folglich das Beste, was Eltern ihren Kindern mitgeben können.

So schließt sich der Kreis zum ersten Kapitel und der Verantwortung unserer eigenen Eltern: In den ersten Lebensjahren prägen diese unseren Beziehungsunter- richt. Wenn wir selbst erwachsen sind und Kinder bekommen, sind wir die wichtigsten »Lehrer« für deren Unterricht.

Zum Nachdenken und Reflektieren: Was ist das Wesentliche aus diesem Kapitel?

Wenn ich dieses Kapitel zusammenfassen müsste, würde ich Folgendes sagen: Sich selbst um die eigene Schale zu kümmern, ist das Beste, was wir für uns, unsere Partnerschaft und Familie machen können. Helfen kann einem dabei die Frage: »*Was will ich?*«.

Was nimmst du mit aus diesem Kapitel? Ist es ein bestimmter Gedanke, Impuls, eine Erinnerung oder eine Erkenntnis? Gibt es etwas, was du dir vornimmst?

Fix. Und. Fertig.

Persönliche Entwicklung wird jeden von uns ein Leben lang begleiten. Ich glaube nicht, dass wir irgendwann »angekommen« sind und der Lernprozess aufhört. Dafür ist das Leben zu lebendig und voller Überraschungen und Veränderungen. Selbstverständlich gibt es unterschiedliche Phasen: In einer stehen Dinge im Außen mehr im Mittelpunkt und in einer anderen beschäftigen wir uns mit unserem Innen. Ich hoffe, dass du und dein Innenleben von den Gedanken in diesem Buch profitieren konntet! Wenn du von den Impulsen und Ideen etwas in deinem Leben üben möchtest, fokussiere dich am besten auf ein Thema oder eine Übung. So sind Veränderungen leichter und nachhaltiger, als wenn wir uns beispielsweise mit vier Dingen parallel befassen.

Ein letztes Mal blicken wir auf die Lebensgeschichte und den Verwandlungsprozess von Natalie:

Natalie durfte ich über einen längeren Zeitraum begleiten. Ihre Vergangenheit ist die gleiche geblieben. Zwei Dinge haben sich jedoch verändert: ihr Blick auf ihre Lebensgeschichte und deren Einfluss auf ihr heutiges Leben. Aufgrund ihrer Biografie war dies ein langer Prozess, mal schmerzhaft, mal leicht. Heute kann sie mit ihrer Verlustangst anders umgehen. Diese meldet sich seltener, und wenn sie da ist, zeigt sie sich anders: Natalie wird von ihr nicht mehr überwältigt. Sie sucht die Lösung für ihr Empfinden in diesen Momenten in sich statt bei ihrem Partner.

Ich wünsche dir, dass du die Erfahrungen machst, die gut für dich sind, und die Partnerschaft lebst, die du dir wünschst. Und ich wünsche dir, dass du in deinem Tempo in Frieden und Dankbarkeit auf deine Vergangenheit blicken kannst. Falls wir tiefe Verletzungen erlebt haben, tragen wir diese meist ein Leben lang mit uns. Vollständig verschwinden werden sie nie, doch sie können sich verwandeln. Mark Twain sagte dazu: »*Vergangenheit ist, wenn es nicht mehr weh tut.*« So haben wir einen großen Einfluss darauf, wie diese Verletzungen uns im Hier und Jetzt noch beeinflussen. Diese Veränderungen hin zum Positiven und Schönen sind jederzeit möglich – und dabei wünsche ich dir viel Mut, Energie und Freude.

Danke

Für mich ist Dankbarkeit eine der schönsten Empfindungen, die es gibt. Gerade jetzt, wo ich diese Zeilen in den Laptop tippe, denke ich an die vielen Menschen, die dieses Buch ermöglicht haben und bin sehr dankbar dafür! In erster Linie gilt dieser Dank meinen Klienten, die ich begleitet habe oder begleite. Von ihnen durfte ich sehr viel lernen: über das Leben, Gefühle, Motive, Schicksale, wie Veränderung möglich ist und wie Selbstverantwortung gelingen kann. Bei all diesen Begegnungen konnte ich ebenfalls sehr viel über mich selbst lernen.

Auch bei all den Therapeuten, von denen ich lernen durfte, bedanke ich mich! Deren theoretisches und praktisches Wissen, ihre Erfahrungen und Lebensweisheiten finden sich in diesem Buch an der ein oder anderen Stelle wieder.

Mein Dank gilt zudem meiner Familie und meinen Freunden für deren Unterstützung; ohne die das Buch nie zu dem geworden wäre, das du heute in den Händen hältst. Ich habe unzählige hilfreiche Rückmeldungen zum Aufbau und Inhalt bekommen, viele tolle Impulse und Ideen, nützliche Nachfragen und Hinterfragungen. Vielen Dank für diese wertvolle Unterstützung und Begleitung!